중앙아시아불교

이치란, 한정섭 著

불교정신문화원

서 문

　세계불교의 단합은 우리들만의 문제가 아니라 세계평화와 인류의 행복이 실현될 수 있는 불교정신이 아니면 안 된다고 생각한다.

　1940년대부터 대각회(마하보리회)와 W.F.B.(세계불교도우의회)가 세계불교연합운동을 전개하여 지금은 황무지 속에서 묻혀 있던 부처님의 성지를 찾아내고 더 나아가서는 세계평화를 위한 포럼을 수차례에 걸쳐 논의하였다.

　그러나 그 때마다 테레바다(상좌부)불교와 마하야나(대승)불교가 우리나라 비구·보살 불교와 같이 물위에 기름 뜨듯 잘 융화가 되지 않았다. 문제는 승려의 자격이었고, 종단의 권위 때문이었다. 그런데 이제 와서는 사소한 내부문제 보다도 국제적 위상에서 불교를 바라볼 때, 진위(眞僞) 성속(聖俗)을 가지고 논할 때가 아니라 이 시대 불자들이 세계인류를 위해 무엇을 해야 할 것인가 하는 당위(當爲)문제가 앞장서게 되었다. 부처님이 일생 동안 길거리에서 보내신 것은 진리의 개인

소유가 아니라 만인의 공영을 위한 것이었고, 역대조사들이 피나는 노력 속에 포교하신 것은 오직 세계와 중생 때문이었다. 불조의 혜명(慧命)을 도외시한 불교는 시대적 사명을 다할 수 없다는 자각 속에 세계불교는 한마음 속에서 세계평화와 인류의 행복을 위해 헌신하기로 다짐하였다.

오래 전부터 이 같은 원력을 가지고 중앙아시아 대승불교에 관심을 가져온 활안스님이 파키스탄 현지까지 다녀와서 이 글을 쓰기 시작하였으므로 나 또한 도와 이 글을 완성하게 되었다. 비록 학술적인 논문은 되지 못한다 할지라도 근본불교로부터 소·대승불교를 바르게 이해하고 불자의 시대적 사명을 일깨우는 데는 다소 도움이 될 것이라 생각되어 감히 출판에 붙였다. 여러 가지로 부족한 자료를 가지고 초고(抄稿)를 정리해주신 활안스님께 감사드리고 보다 알찬 논문이 발표되기를 기대한다.

2012년 8월 10일
W.F.B. 태국본부 집행위원 이 치 란

머리말

불교를 시대적으로 구분하면 원시근본불교시대·부파소승불교시대·대승보살시대·밀교잡장시대로 구분하고, 예술 문화사적인 면에서는 무불상시대와 불보살상화시대로 크게 구분한다.

그러나 실제 지역적인 면에서 보면 동남아시아 불교를 원시근본불교·부파소승불교로 보고, 중앙아시아를 중심으로 동북아시아 불교를 대승 밀교지대로 보는 것이 상식이다.

그런데 어떻게 하여 불상·탱화를 모시지 않고 순수 수행만을 본위로 하던 불교가 상화조상(像畵彫像)을 모시고 제례의식(祭禮儀式)을 하는 불교에까지 이르게 되었는가 하는 문제는 매우 복잡다단하여 그 가닥을 잡기가 힘이 든다.

그러나 BC. 302년 알렉산더대왕이 아시아 원정에 나서 헬레니즘문화를 형성하고 얼마 뒤에 있다가 아쇼카 대왕이 서구를 정복한 뒤 정법대관을 보내 불교를 세계적으로 선전한 뒤 대승의 논사들과 카니슈카 왕이 호불정신으로 대대적인 포교를 편 것이 기점이 되어 중앙아시아 및 동북아시아에 대승불교가 싹트게 된다.

대승불교는 원래 부파소승불교의 분열을 보고 다시 원시근본불교로 돌아가기 위한 복구운동이었으나 그것이 원시근본불교보다도 부파소승불교보다도 사뭇 달라져 또 하나의 시대의 획을 긋게 되었으니 불가피하게 그 경론을 중심으로 새로운 불교를 형성하게 되었다.

그래서 W.F.B. 세계불교도 우의회에서는 내년에 태국에 세계불교본부센터를 짓고 내년부터서는 테레바다(상좌부)불교와 마하야나(대승)불교 및 바즈라야나(금강승)밀교까지를 통합하여 새 시대 세계불교시대를 열기로 하였다.

그리하여 우리들은 중앙아시아에서 발기된 대승불교를 새롭게 조명하게 되었으니 이것은 시대적인 요청일 뿐 아니라 세계불교를 새롭게 정립하는데 기초 작업이 되겠기 때문에 감히 비재잔학(非才淺學)을 무릅쓰고 이 글을 쓰게 된 것이다.

비록 이것이 학문적 체계를 통한 불교학은 아니라 할지라도 이 책을 통해 마명·용수 보살의 대승불교사상과 우리나라 원효스님의 화쟁사상을 통해 세계평화를 실현할 수 있다면 다행으로 생각하겠다.

책을 내는데 함께 동참해 주신 이치란 박사님과 여러 스님들, 그리고 출판에 도움을 주신 여러분들께 다시 한 번 감사를 드린다.

불기 2556년 壬辰 8월 10일
한국불교금강선원 총재 활안 정섭 합장

일러두기

1. 이 글은 대승불교가 시작된 중앙아시아 불교를 중심으로 그 배경을 설명하는데 주력하였다.

2. 불상 탱화가 없이 순수 비구 수행불교가 어떻게 대승불교로 발전하였으며,

3. 신을 믿지 않는 불교가 범신론적 불교(汎神論的 佛敎)로 발전하여 제례의식(祭禮儀式)까지 하고 있는가를 간단히 살펴보았다.

4. 바야흐로 시대는 대승보살시대, 누가 요청하지 않아도 세계는 한 통속이 되어 네 나라 내 나라를 가리지 않고 서로 돕고 살고 있다.

5. 어떻게 하면 세계평화를 불교정신 속에서 실현할 수 있을 것인가 고민한 것이 이 책의 결실이라 생각하며 감히 일독을 권한다.

목 차

서문 ··· 3
머리말 ··· 5
일러두기 ··· 7

전통적인 인도사상과 불교 ································ 10
문제의 육군비구와 데바닷다 ··························· 14
제1회 결집과 원시근본불교사상 ······················ 23
불교계율과 교리에 대한 시비 ·························· 28
원시근본불교사상과 부파불교의 차이점 ········· 32
유마거사의 불이중도사상(不二中道思想) ········ 36
승만부인의 서원 ·· 41
아리스토텔레스와 알렉산더대왕 ······················ 46
호불왕 아쇼카 ·· 53
헬레니즘문화와 오리엔탈문화 ·························· 58
밀린다왕과 나선비구 ··· 64
대승불교의 발제자 세우스님과 마명보살 ······· 68
방등경(方等經)과 다불신앙(多佛信仰) ············ 74
카니슈카 왕의 불교사업 ··································· 80
부처님의 후보자로서의 보살 ··························· 89
갖가지 신장님들의 발현 ··································· 96
원만불토설(圓滿佛土說)과 원만인격상(圓滿人格相) ······ 109

마투라 불상과 간다라 미술 ·············· 115
대승불교의 경전들 ·················· 119
  1. 능가(楞伽)불교와 능엄사상 ············ 120
  2. 반야사상과 심경(心經) ·············· 122
  3. 미타정토삼부경(彌陀淨土三部經) ········ 125
  4. 미륵정토삼부경(彌勒淨土三部經) ········ 130
  5. 법화정토삼부경(法華淨土三部經) ········ 133
  6. 화엄경의 무진법문 ··············· 137
  7. 여래의 수명과 신통 ··············· 145
  8. 무진세계(無盡世界)와 무진법문(無盡法門) ···· 149
여러 가지 논전들 ·················· 153
  1. 실상론과 연기론 ················ 153
  2. 무착 천친의 공사상과 불교 인식 논리학 ····· 156
  3. 용수보살의 통불교와 원효대사의 화쟁론 ····· 160
  4. 티베트 불교와 몽골 불교 ············ 164
비밀불교의 실상 ··················· 168
계일왕조(戒日王朝)의 불교 ············· 172
굽타왕조(堀多王朝) ················ 177
대승불교에 영향을 준 여러 가지 사상 ········ 180
세계 여러 종교에 영향을 준 조로아스터교 ······ 184
진위(眞僞)의 논쟁 ················· 187
불교의 신관(神觀) ················· 190
대승불교의 자존심 ················· 196
동북아시아 불교에 끼친 영향 ············ 200
동이(東夷)문자와 중앙아시아 불교 ········· 203

전통적인 인도사상과 불교

　불교 이전의 인도사상은 백가이도(百家異道)가 있었으나 크게 나누면 세 가지로 분류할 수 있다.
　첫째는 천명주의(天命主義)이니 하나님이나 신들에 의해서 이 세상이 만들어졌으므로 그들의 뜻을 따라 이 세상을 살아가야 한다는 것이고,
　둘째는 숙명론(宿命論)이니 이 세상은 전생에 지은 업력을 따라 나타난 것이니 자기가 지은대로 받고 사는 것이 옳다고 생각하는 것이며,
　셋째는 자연적인 운명론(運命論)이니 이 세상 모든 것은 천지자연의 이치에 저절로 이루어진 것이므로 생긴대로 살면 생긴대로 살다가 저절로 죽게 된다는 것이다.
　그러므로 이 세상 모든 일은 사람의 힘으로는 어찌할 수 없는 것이므로 신이나 운명, 자연의 이치대로 따라 살면 세상의 근심과 걱정 고통이 상황 따라 만들어졌다 없어진다고 한 것이다.
　그러나 불교는 천지창조의 시초나 기말에 대해서는 논할 것 없이 현재 인생이 살아가는 원리나 존재의 양상을 보면 알 수 있으니 이 세상 모든 존재는 만남(인연) 속에서 흥망성

쇠(興亡盛衰)나 길흉화복(吉凶禍福)을 이루고, 그 인과 속에서 괴로움과 즐거움을 받고 살고 있으니 그 고락성쇠의 원인을 없애버리면 누구나 잘 살 수 있다는 것이다.

"이것이 있으므로 저것이 있고(此有故彼有)
저것이 있으므로 이것이 있다(彼有故此有)
이것이 멸하면 저것도 멸하고(此滅故彼滅)
저것이 멸하면 이것도 멸한다(彼滅故此滅)

이것을 불교에서는 인연법이라 한다. 그러나 그 인연을 피차가 원망하는 것이 아니라 그 인연의 소중함을 밝히고 감사한 마음으로 서로 맞추어 살면 잘 살 수 있게 된다는 것이다. 그러나 반대로 그것에 서로 집착하고 증오하여 원망하면 불행이 오기 때문에 상대방에 대한 탐욕과 성냄, 어리석은 마음을 제거하고 기만하고 의심하지 말며, 피차 믿음 속에서 거짓 없이 그 인격을 존중하고 살면 잘 살 수 있다는 것이다.

그러나 한번 나타난 이 몸은 마음의 그림자 속에서 이루어진 것이기 때문에 언젠가는 그 업력(業力)이 다하면 저절로 없어지게 되어 있다. 그런데 그 본래의 마음을 따라 혹심(惑心)을 일으키면 불행해지게 되는 것이다.

또 이 몸은 그 마음속에 들어있던 흙(地)과 물(水)·바람(風)·불(火)로 이루어진 것이기 때문에 진실로 감정이 없는 것이다. 그런데 지·수·화·풍 4대에 뿌리를 뻗은 눈·귀·코·혀·몸·뜻을 이용하여 빛과 소리·냄새·맛·감촉을 일으켜서 그것을 좋아하고 싫어하고 예뻐하고 미워하는 분별·시비를 일으키므로 친·불친이 생기고, 깨끗하고 더러워하는 마음이 생겨 온갖 고통과 즐거움을 일으킨다는 것이니 그 고락성쇠를 알려면 먼저 그 마음을 깨달아야 한다고 하였다.

마음은 원래 비어 있어 그 모양이 없으므로 이름지을 수도 없고, 모양을 볼 수도 없고, 그 무게를 달수도 없지만, 그의 행동을 보면 무겁고 가볍고 크고 작고 길고 짧은 것이 나타나므로 그것을 따라 중도(中道)를 얻으면 모든 것이 바름(正)에 들어갈 수 있다 한 것이다.

말하자면 마음은 생하는 것도 아니고 멸하는 것도 아니지만, 한 생각 속에서 생심(生心)을 일으키면 생하게 되고, 한 생각 속에서 멸심(滅心)을 일으키면 멸하게 된다.

그리고 그 마음은 깨끗한 것도 아니고 더러운 것도 아니지만, 마음을 깨끗하게 쓰면 깨끗하게 되고, 더럽게 쓰면 더러워지며, 불어나는 것도 아니고 줄어드는 것도 아니지만, 불어나게 쓰면 불어나는 것이고, 줄어지게 쓰면 줄어들게 되는 것이다.

그러므로 반야심경에

"불생불멸(不生不滅)하고
불구부정(不垢不淨)하며
부증불감(不增不減)이라."

한 것이다. 마치 화살에 맞은 사람이 몸에 박힌 화살을 뽑을 생각은 하지 않고, "누가 쏘았을까. 어디서 쏘았을까. 왜 쏘았을까. 이 화살은 무엇으로 만들었을까" 생각하고 있으면, 그는 그 살의 독에 의하여 죽듯이 사람도 마찬가지라는 것이다.

그러므로 이 세상 모든 고통은 이러한 도리를 밝게 알지 못하는 무명(無明) 속에서 일어난 것이니 무명만 없어지면 이 세상이 저절로 밝아 세상이 대낮같이 된다는 것이다. 해가 뜨고 지는 것은 지구 속에 사는 사람들의 생각이고, 지상 10만 킬로미터만 올라가면 해는 뜨는 것도 아니고 지는 것도 아니 듯이, 우리의 마음도 바로 그러한 것이다.

그러므로 인과 인연도 마찬가지다. 마음에서 한 생각 일으키는 것도 마음이고, 한 생각 없애는 것도 마음이니, 그 마음의 체·상·용(體·相·用)만 알면 이 세상의 흥·망·성·쇠에 좌우되지 않고 살 수 있다는 것이 불교의 논리이다.

이렇게 불교의 논리는 간단명료한 것인데, 후대 사람들이 이것저것을 붙이고 높고 낮은 것을 따져 논리가 분분하므로 경·율·논(經·律·論) 3장을 통해서 해야 할 일과 해서는 안 될 일, 가야할 길과 가서는 안 될 길을 논리적으로 밝혀 어리석은 사람들을 깨우쳐준 것이니, 이것이 지악수선(止惡修善)의 윤리적 불교이고, 전미개오(轉迷開悟)의 철학적 불교이며, 혁범성성(革凡成聖)의 교육적 논리이다. 그러므로 이 모든 것은 결국 인생고를 없애고 열반의 즐거움을 얻게 하는 이고득락(離苦得樂)의 불교가 된 것이니 더 이상 논할 것이 없다.

마음은 인연 따라 흘러가건만
흘러가는 것은 나도 잘 알지 못하나니
천만번 흘러가더라도 하나인줄만 알면
기쁨과 슬픔에 속지 않으리라.

〈마노라존자〉

문제의 육군비구와 데바닷다

 일미수유(一味水乳)의 불법은 부처님께서도 깨친 뒤 13년, 부처님께서 고향에 가시기 전까지는 별다른 문제를 일으킨 일이 없다. 그런데 부처님께서 고향에 다녀오신 후 석가 족 출신들이 많이 따라와 출가하고 비구니가 생긴 뒤부터 점점 잡음이 생기더니 데바닷다가 드러나게 되면서부터 교단의 분열이 생기게 되었다.

 데바닷다(Devadatta)는 부처님과 이종 4촌지간이다. 할아버지 사자협 밑에 정반·백반·곡반·감로반 4형제가 있었는데, 그 가운데 데바닷다는 백반왕의 첫째 아들이고, 아난다는 둘째 아들이다. 둘이 다 출가하여 부처님의 제자가 되었으나 형 데바닷다가 부처님을 모독하고 단독 종단을 만들어 독립코자 하였다.

 부처님은 대자대비로 중생들을 거느려 고향에 오실 때만 해도 2천여 명이 넘었으며, 그 옆에 따라다니던 사람들까지 하면 마치 구름떼와 같았다. 그래서 빔비사라 왕도 부처님의 권속들이 왕사성에서 내려오는 것을 보고 "하늘에서 신선들이 내려오는 것 같았다"고 하였다.

이러한 분위기를 본 데바닷다는 평상시 집에서부터 명예의 욕심이 강한 사람이었으므로 "나도 이렇게 하여 내 단체를 만들어야 되겠다." 하고 그의 권속들과 함께 구상하였다.

"종교란 사람이 참기 어려운 고행과 청정한 수행을 통해 목적을 달성하는 것인데, 싯다르타의 교단은 너무나도 허술하다. 우리는 죽을 때까지 숲속에서 살고 탁발하여 배불리 먹지 말고, 남의 초대를 받지 말고, 누더기만 입고, 남이 주는 시주옷을 입지 말자. 그리고 죽을 때까지 나무 밑에서 살며 남의 지붕 밑에 들어가지 말고, 고기를 먹지 말자."

이렇게 약속하고 철저히 수행하자 이에 뜻을 같이 한 사람들이 하나둘씩 모여들기 시작하였다. 그래서 하루는 부처님께 이러한 내용을 건의하였다.

"부처님. 처음 발심한 행자들에게 너무 잘 먹이고 입히고 재우면 무슨 공부가 되겠습니까?"

"공부란 자기분수를 깨닫는 것이며, 수행이란 마음가짐을 배우는 것이다. 출가 수행하는 사람이 한 때 한 끼 먹는데 악의악식을 한다고 해서 마음이 달라질 수 있겠느냐. 얻어먹는다는 마음보다는 중생의 복전이 되어야 되겠다는 생각을 가지면 저절로 사치심이 없어질 것이다."

"그래도 저희 생각은 그렇지 않습니다. 세속에서 느슨하게 살던 사람들은 한번쯤은 옭아매어야 되지 않겠습니까?"

"그대의 말도 일리는 있지만 죽을 때까지 숲속에 살고 누더기 옷을 입고, 남의 집에 들어가지 않고, 남의 옷 함부로 받아 입지 않는 것은 지금도 우리가 그대로 하고 있는 것 아니냐. 그리고 얻어먹는 사람이 우리를 위해 무엇을 해달라고 따로 말할 수 있느냐. 중생들이 해 먹고 사는 대로 주면 그것으로 만족할 일이지 솥단지 걸고 음식을 해먹지 않는데 무슨 짐승을 잡아먹겠느냐?"

데바닷다는 조금은 심기가 불편하였지만 평상시 수용하는 것으로 볼 때는 부처님 말씀이 잘못된 것은 아닌 것 같았다. 음식 초대를 받아 가서 먹고 나면 집안 식구들이나 동네사람들의 질문을 받고 거기에 대하여 알맞게 답변해주면 그것이 그대로 포교가 되고, 일생을 두고도 옷 한 벌 얻어 입지 못하는 사람이 있는데 능력 있는 사람이 한 벌 얻어 입고 다시 그것을 얻지 못한 사람에게 주면 그것도 하나의 보시가 될 수 있었다. 그런데 문제는 오는 사람마다 부처님을 찾고 초대하는 사람마다 부처님만 초대하니 그것이 문제였다. 그래서 제안하였다.

"부처님. 부처님은 오랫동안 수행하고 정진하여 이룬 것도 많지만 저희들같이 아직 미숙한 사람들이 법상에 올라 법문을 하여야 발전도 있고 보람도 느끼지 않겠습니까?"

"좋은 말이다. 나도 그렇게 되기를 바라노라. 그런데 사람들이 와서 묻기를 나에게 묻고 나를 초대하니까, 나 또한 나 혼자 법회가고 먹기 위해 가는 것이 아니라 여러 사람이 함께 가 먹고 함께 공부하기 위해서 묻는 말에 대해서만 답변을 하고 있으니 너도 바로 너에게 와서 묻고 초청하는 사람이 있도록 공부하라."

데바닷다는 자기 말을 단번에 거절하는 것 같아 기분이 나빴다. 그래서 선언하였다.

"부처님은 욕심쟁이다. 자기 혼자만 대접을 받고 후배를 기르지 않으려 하신다. 나와 함께 고행중심의 불교를 공부하고 싶은 사람은 이리로 나오너라."

하고 떠나니 처음 불교에 입교하여 아직 중물이 제대로 들지 않은 사람들 가운데서는 호기심으로 떠난 사람이 1200대중 가운데서 5분의 1정도가 되었다.

데바닷다는 신이 나서 밤낮없이 법문하다가 몸이 지치면 때 없이 먹고 드러누워 큰소리로 코를 골며 잤다.

"수행자가 저렇게 때 없이 먹고 자서 무슨 공부가 되겠는가!"

하고 데바닷다로부터 떨어져 나오는 사람들이 많아지자 데바닷다는 화가 났다.

"이는 모두 사리불·목건련 탓이다. 이들이 저들을 꼬여서 데려간 것이다."

하고 앙심을 먹은 뒤

"누구보다도 싯다르타를 없애야 될 것이니, 저 자를 없애려면 그의 후원자 빔비사라 왕부터 제거하여야 한다."

하고 빔비사라 임금님 아들 아자타샤투르 태자가 무술을 익히는 곳으로 갔다. 마침 아자타샤투르 태자가 말 타는 연습을 하고 있다가 말에서 떨어져 뒹굴고 있을 때 쫓아가 그를 앉았다.

"누구십니까?"

"석가 교단의 일원인 데바닷다. 경험이 부족하여 실수를 한 것 같은데, 내가 그대의 교수사가 되어 주겠노라."

하고 그가 보는 앞에서 말 타고 활 쏘고 코끼리를 타 보이고 창 던지고 상대방을 공격하는 모습을 보이니 어린 왕자로서는 처음 보는 일이라 그만 홀딱 반했다.

"선생님 나에게 이런 기술을 가르쳐 주시면 장차 내가 대왕이 되면 선생님을 스승으로 모시겠습니다."

"그래 그렇다면 내가 날마다 와서 가르쳐 주겠노라."

하고 두세 달 훈련을 시켜 상당한 경지에 이른 뒤 말했다.

"내 생각 같아서는 태자가 왕위에 오른다는 것은 까마득한 일이다. 우선 임금님이 건강하시고 나라가 튼튼한데 누가 반역할 사람이 있겠느냐?"

"그러면 어떻게 해야 합니까?"

"아버지 빔비사라 왕을 잡아 가두어야 한다."

"어떻게 그렇게 할 수 있습니까?"

"태자가 승낙만 해준다면 그것은 내가 알아서 하겠노라."

"그래도 아버지를 어떻게 잡아 가둡니까?"

"사마외도 석가모니를 스승으로 모시고 있으니 그가 어찌 바른 생각을 가지고 있을 수 있겠는가. 그래도 태자가 속히 왕위에 오르려 한다면 이 방법이 가장 좋은 방법이다."

"알아서 해보십시오."

"그렇다면 매월 보름날 밤에 임금님께서 영축산에 올라가 부처님을 뵈러 갈 때 왕장도 다 떼어놓고 평복을 입고 맨발로 가니 그때 내가 왕장을 가져오도록 하겠다."

하고 헤어졌다.

그런데 과연 그 달 15일 날 밤 초저녁에 영축산 쉼터에 옷을 벗어놓고 올라간 틈을 이용하여 옷을 지키고 있던 군인들을 때려죽이고 왕장을 탈취, 혁명을 일으켰다.

임금님은 부처님께 빈두설경(흰쥐와 검정쥐 이야기)을 듣고,

"내가 내려가면 오늘로 왕위를 아자타샤투르 태자에게 물려주고 나도 도 닦는 사람이 되리라."

생각하고 내려오니 벌써 군인들이 와서 포승줄로 묶었다. 임금님은 멋도 모르고 세 겹의 창문이 있는 감옥에 갇혀 오직 위제희 부인의 면회를 받을 뿐 누구도 밥도 주지 않고 물도 주지 않았다. 그런데 위제희 부인이 머릿속에 꿀떡과 몸속에 물을 숨겨 가지고 가 드리니 17, 8일이 되어도 죽지 않았다.

"왜 여지껏 살아 있느냐?"

"위제희 부인께서 꿀떡과 물을 갖다드리기 때문입니다."

"오늘 부터서는 위제희 부인도 두 발을 묶어 가두리라."

그런데 이 광경을 본 시녀 한 사람이 말했다.

"내 그럴 줄 알았다. 자식을 낳아 죽이려한 과보를 저렇게 받는구나."

이 말을 들은 데바닷다가 물었다.

"그게 무슨 소리냐?"

"옛날 빔비사라 임금님이 아이를 낳지 못하고 있을 때 지나가는 점술인에게 물으니 '3년만 있으면 설산에서 수도하고 있는 사람이 현재 백 살인데 103살이 되어 죽으면 태자로 태어날 것이니 걱정하지 마십시오' 하고 말하자, '3년까지 기다릴 것 있느냐 지금 가서 죽이면 즉시 태어날 것인데' 하고, 우사대신 형제를 시켜 죽인 일이 있는데 과연 그 뒤로 아이가 들어섰습니다. 그런데 그 날부터 착하고 착하던 위제희 부인이 사나워지고 포악적인 행동을 하자 점술인이 '기다렸다 낳으면 이런 일이 생기지 아니했을 것인데, 미리 일을 저질러 낳으니 이런 일이 생긴 것입니다. 임금님께서는 반드시 저 아이에게 죽을 것입니다' 하여 그 아이의 이름을 태어나기 전부터 원수를 진 아들이라 하여 미생원(未生怨), 즉 아자타샤투르라고 부르게 된 것입니다. 그런데 왕후께서 그 이야기를 듣고 '아버지가 아이에게 죽음을 당해서야 되겠는가' 하고, 평상에서 아기를 낳으면서 밑에 작두를 놓고 두 다리로 밀어 땅에 떨어뜨렸는데 공교롭게도 아기가 죽지 않고 왼쪽 손가락 하나만 잘렸으므로 거두어 길러 이렇게 큰 것입니다."

그때 데바닷다는 콧노래를 부르며 말했다.

"아, 아자타샤투르 태자의 왼쪽손가락이 하나 없는 이유를 내 오늘 비로소 알았노라. 내 이 사실을 고하여 위제희까지 함께 죽게 하리라."

하고 달려가 이 사실을 태자에게 고하니 태자가 자신의 손가락 하나가 없는 이유를 알고 밥을 먹다가 그의 어린 자식에게 화를 내었다.

"내가 자식을 사랑하다 보니 강아지 하고 밥을 같이 먹게 되었구나."

하고 강아지를 빼앗아 떼어놓으니 아기가 울었다.

그때 옆방에 갇혀 있던 어머니 위제희 부인이 말했다.

"당신의 아버지는 당신의 손가락에 고름이 맺혀 울면 그 손을 입으로 빨아 고름이 다 빠져 당신이 울음을 그친 뒤에야 밥을 먹었는데, 강아지하고 밥 먹는 것이 무엇이 그렇게 안타까워 아이를 울립니까?"

그때 아자타샤투르 태자가 화를 내면서 소리 질렀다.

"당신은 어찌하여 내 손가락이 잘리도록 작두에다 밀어 넣었습니까?"

위제희 부인은 깜짝 놀랐지만 그래도 사실인지라 사실대로 고백하였다.

"아버지께서 우사대신을 시킨 것은 하루 빨리 당신을 낳아 나랏일을 당신에게 맡기기 위해서 부린 욕심이지 결코 당신이 미워서 한 일이 아닙니다."

"그러면 어머니는 왜 나를 죽이려 하였습니까?"

"아무리 자식이 귀하다 해도 아버지를 죽이는 불효자를 그대로 두어서야 되겠습니까?"

"일리가 있는 말씀입니다."

하고 아자타샤투르 태자는 갑자기 눈물을 흘리며 큰소리로 외쳤다.

"아버지 대왕을 살려라. 아버지 대왕을 빨리 살려라."

군인들이 뛰어가니 아버지 대왕은 벌써 죽어 있었다. 일이 이쯤 되고 보니 데바닷다의 말은 이제 콩으로 메주를 쑨다 해도 들을 수 없었다. 그래서 데바닷다는 산꼭대기에 올라가 부처님에게 큰 돌을 굴려 상처를 당하게 하고, 사나운 코끼리에게 술을 먹여 공격하게도 하고, 가책하는 비구들을 때려 죽이고, 독화살로 부처님을 쏘게 하였으나 모두 실패하자 손톱에 독을 묻혀 사람들을 헤치려 하다가 산채로 지옥에 떨어졌다.

그 뒤 아자타샤투르는 잠 못드는 병에 걸려 거의 미쳐 있다가 꿈 가운데서 아버지를 뵙고 "부처님께 참회하라"는 말씀을 듣고 참회하여 결국 건강이 회복되어 왕위를 계승하게 되었다.

그 뒤 6군 비구들이 늘 하지 말라는 말을 하여 여러 비구 스님들의 교단을 흐리게 하니 부처님께서 "난다·발난타·가류타이·단나·아설시·마숙·불나발 등이 비구니 스님들과 함께 희롱하고 돌아다니며 속을 썩여 주위 스님들을 안타깝게 하였으므로, "그렇게 하면 안 된다" 하고 일렀으나 듣지 아니하였다. 대부분 이들은 일찍부터 부처님 곁에서 6년 동안 시봉하였던 사람이나 어려서부터 부처님과 왕궁에서 함께 놀던 사람들인데, 아기 때 버릇은 여든 간다고 종교적인 면에서 발심출가 하여 수행자가 되었다 하여도 "석가 부처님이 우리들이 없었으면 어떻게 도를 깨쳤겠느냐" 하고 생색을 내면서 비리를 저질렀던 것이다. 어느 성인이고 위인이고 가까운 사람들이 망신시킨다 하였는데, 이를 두고 한 말이 아닌가 하였다.

현장 법사의 서유기(西遊記)에 보면 서기 600년경까지 데바닷다의 고집스런 불교를 답습하던 종파가 있었다고 하는데, 지금도 부처님의 바른 불교보다는 오히려 데바닷다의 곡해(曲解)된 불교가 전 세계에 퍼져 유행하고 있으니 진실로 안타까운 일이다.

제1회 결집과 원시근본불교사상

데바닷다 사건 이후에도 물력가난제의 살인사건, 단니가의 투도사건, 수디나의 사음사건, 바구강변의 비구들이 거짓말하는 사건이 생겨 불교교단과 부처님의 마음에 상처를 주었다. 그 중에서도 칼루다인의 롱정행(弄精行) 마촉(摩觸) 추악담(醜惡談)과 우발라 비구의 겁탈행위로 승가의 위신이 추락하고 스님들이 집을 지을 때 지나치게 치장하여 속인들의 비난을 받기도 하였다.
특히 두 스님이 한 동네 사람들을 즐겁게도 하고 괴롭게도 하여 불법이 동네사람들의 재판에 붙여진 일까지 생겼다.

부처님께서 사위성 기수급고독원에 계실 때 기련에 살고 있던 아습바 비구와 부나바사 비구가 꽃과 나무를 심고 꽃타래를 만들어 꿰고 동네사람들과 함께 평상에 앉아 눈을 부릅뜨고 같은 그릇에 음식을 나누어 먹고 이야기 하고 웃고 울고 노래와 춤 연극을 하여 어린아이들을 즐겁게 해주고 때로는 북을 치고 피리를 불고 소라껍질로 공작새 소리도 하고, 휘파람을 불다가 온 몸을 흔들어 희롱하면 사람들이 좋아 돈을 내기도 하고 물건을 선사하기도 하였다.
 어쩌다가 한번 씩 하면 좋은데 아이들이나 부녀자들이 늘 보고 듣기를 좋아하므로 매일 하다 보니 남자들께서
 "이렇게 하다가는 집안 살림을 할 수 없으니 다른 데로 가 주세요."
 하고 권하면 여자들은
 "그런 소리 듣지 말고 여기 오래오래 사시면서 저희들에게 즐거움을 선사해주세요."
 하고 데모하였다. 이렇게 2년을 넘게 지내다 보니 결국 동네 어른들이 사리불과 목건련에게 건의하여 부처님께 심판을 받고 다른 곳으로 이사 가게 되었다. 이렇게 부처님 제자들이 1만 명이 넘다보니 이런 사람도 있고, 저런 사람도 있어 여러 가지 계율이 생기게 되었지만, 데바닷다의 무리들은 아주 없어지지 않고 화합대중에 끼어들어 "이것은 먹어야 하고 이것은 먹어서는 안 되고, 입어야 할 것과 지녀야 할 것" 등에 대하여 갖가지 시비를 하여 여기저기서 말썽이 일어나기도 하였다.
 그렇지만 사리불 목건련을 중심으로 10대 20대 제자들이 백 명 이백 명씩 무리를 지어 데리고 다니면서 나름대로 교육을 하고, 그리고 그들 자신들이 시범을 보여 부처님께서 입멸하실 때까지 거의 10만 대중이 살면서도 화합중으로 별탈이 없었기 때문에 불교의 스님들은 평화를 상징한 승가대중(僧伽大衆)이라 불렀다.

 그런데 부처님께서 돌아가신 뒤 얼마 되지 않아 가섭존자가 매우 슬픈 마음으로 왕사성으로 오는데 발란다 석자가 말

했다.

"스님. 무엇을 그리 슬퍼하십니까. 부처님 못지 않는 마하라가(바보) 비구가 있으니 그의 지도를 받으며 살면 되지 않겠습니까?"

이에 놀라 가섭존자는 왕사성에 이르러 아자타샤투르 왕에게 건의하여 제1회 결집을 칠엽굴에서 가지게 되었다. 최상자 500명을 모으고 아난은 경장을 외우고, 우팔리(Upāli)는 율장을 외웠다.

아함경은 장부(長部), 중부(中部), 상응부(相應部), 증지부(增支部), 소부(小部) 5부로 나누어 설했다.

장아함경은 22경으로 총 4분 30경이 들어있는데, 제1분에서는 불타, 제2부에서는 법, 제3부에서는 외도, 제4부에서는 세계의 성·주·괴·공에 대하여 설했다.

중아함은 60권 222경으로 4제·12인연·비유가 들어있는데, 부처님 말씀이나 제자들의 언행이 주로 들어 있다.

증일아함경은 51권으로 제1법으로부터 11법까지 법수(法數)에 관계된 것을 편집하였고,

잡아함은 여러 가지 잡된 것을 수록하고, 소부는 간추려 읽기 좋고 외우기 편한 것들을 법구경처럼 모아 놓은 것이다.

이것이 중국에 옮겨져 번역할 때는 소부는 없이 장·중, 잡·증일, 4아함만 후한시대부터 안세고(147) 축불삭·지루가참(173)·담마난제(384)·도안·축불념·승가제바·불타야사·구나발다라(435) 등에 의하여 번역되고, 남방으로 스리랑카·버마·타일랜드 등에 전해지고 마지막에는 서구에 들어가 세계 불교의 원전이 된 것이다.

대개 그 구성 문체나 내용은 계경·중송·수기·게송·감흥어·여시어·본생담·미중유법·방광 9부로 나누지만 장차 대승불교에서는 인연·비유·논의 등을 넣어 12부로 설명하기도 하였다.

다음 율은 원래 "입으로 말 조심하고 스스로 그 뜻을 깨끗이 하여 몸으로 나쁜 짓 하지 아니하면 이것이 깨달은 사람의 도다" 하여 한문으로 번역하여서는,

제악막작(諸惡莫作)
중선봉행(衆善奉行)
자정기심(自淨其心)
시제불법(是諸佛法)

이라 하였는데, 앞서 말한 것과 마찬가지로 수디나가 음행을 범하고, 단니가가 주지 않은 물건을 가져가고, 미가란카가 사람들을 죽이고, 바구강변의 비구들이 거짓말을 함으로써

① 대중의 통솔을 위하여
② 대중의 화합을 위하여
③ 대중의 안락을 위하여
④ 다스리기 어려운 사람을 잘 다스리고
⑤ 부끄러워하는 자들을 안락케 하고
⑥ 믿음이 없는 자를 믿게 하고
⑦ 이미 믿음이 있는 자들은 더욱 믿게 하기 위하여,
⑧ 현세의 번뇌를 끊고

⑨ 후세의 악을 끊고
⑩ 정법의 영구 유통을 위하여 계율을 제정한다고 선포하였던 것이다.

그래서 우팔리 비구가 한 여름 동안 80번 외워 80송이라 부르다가, 다시 그것을 줄여 10송 율로 만들었는데, 우바굽다의 제자 담무덕과 살바다·가섭유·미사색·바차부다가 각기 율장을 송출함으로써 5부 율로 발전하게 되었다.

그 내용을 범하면 승려의 자격이 박탈되는 살·도·음·망의 4계와 20명 이내에서 참회하여 용서를 받으면 승려의 자격까지는 박탈되지 않는 13 상가바세사법(僧殘), 죄를 결정지을 수 없는 두 가지 부정법(不淨法), 잘못된 것을 버리면 되는 30 나이사르가 파얏티카법(捨隨法), 90가지 단타법(單墮法), 네 가지 프라티데샤니야법(訶法), 100가지 중학법(衆學法), 일곱 가지 멸쟁법(滅諍法) 하여 통칭 250가지나 되나, 비구니는 348계가 된다. 이는 여성을 구속하기 위해서 더 많이 만든 것이 아니고, 주위 환경으로부터 여성을 보호하기 위하여 부가된 것들이다.

그런데 스리랑카 같은 데서는 비구니 법을 500대계를 만들어 행·주·좌·와, 어·묵·동·정에 거의 목석과 같이 만들어 버림으로써 비구니가 없어져 버렸다가 한국 비구니회에서 다시 가서 씨를 뿌려 요즘 비구니가 거듭 생겨나게 되었다.

그러나 이들 모든 법은 아직 문자로 기록되지 않고 입과 입을 통해 구구전전(口口傳傳)하다 보니 때로는 보태지기도 하고, 때로는 줄어들기도 하여 그 다음 결집부터서는 기록을 중심으로 하는 문자 경전이 나오게 된 것이다.

불교계율과 교리에 대한 시비

부처님의 정법은 가섭존자를 중심으로 말전지·상나화수·우바국다까지 5대에까지는 일미상전(一味相傳)의 불교로 전지되었으나, 불멸 후 100년경 바이살리 성의 비구들로부터 열 가지 사건이 일어나고 대천의 오사(五事)가 일어남으로부터 계율과 교리 양면에서 시비가 생기게 되었다.

열 가지 사건이란,

① 염정(鹽淨) ; 전날 받은 소금을 저축했다가 다음날 먹어도 된다.
② 이지정(二指淨) ; 오후불식이 원칙이나 오후 2시까지는 음식을 먹을 수 있도록 하자.
③ 취락간정(聚落間淨) ; 식사 후일지라도 다른 마을에 가게 되면 먹을 수 있도록 하자.
④ 도량정(道場淨, 住處淨) ; 식사 후일지라도 다른 도량에 가게 되면 먹을 수 있도록 하자.
⑤ 수의정(隨意淨) ; 식후라도 배가 고프면 먹을 수 있도록 하자. 포살회도 마음대로 할 수 있도록 하자.
⑥ 구사정(舊事淨) ; 앞사람들이 해온 관습이면 계율 조문에

있을지라도 죄가 되지 않도록 하자.
⑦ 낙장정(酪漿淨) ; 식사 후에도 우유나 차등(음료수)은 마실 수 있도록 하자.
⑧ 치병정(治病淨) ; 병치료를 위해서는 발효되지 않는 술을 마실 수 있도록 하자.
⑨ 좌구정(坐具淨) ; 신체의 대소에 따라 좌구를 만들어 쓸 수 있도록 하자.
⑩ 금보정(金寶淨) ; 신도들에게 금은·돈 등을 받아 저축했다가 쓸 수 있도록 하자.

야사비구가 바이살리 성 밧지족 비구들의 포살 일에 참석하였다가 구리로 된 바리에 물을 담아놓고
"여기에 금전을 보시하시오. 병들었을 때는 약을 사 먹고 먼길 갈 때 차비로 쓰려 합니다."
하는 것을 보고 야사가
"이는 비법(非法)이다."
하자 도리어 야사를 쫓아내 버렸다. 이에 야사는 생각이 같은 비구들을 모아 아호강가산에서 삼부다 스님을 만나고 사하사저에서 대덕 리바다를 만난 뒤 바이살리 성 장로인 살바가마등 700여 명을 모아 가부를 물은 즉, 1만 대중 가운데 700여명 만 반대하고 9,000여 명은 좋다고 하여 반대파는 상좌부(上座部)가 되고, 찬성자들은 대중부(大衆部)가 되었다.
그래서 상좌부들은 대중부와 함께 섞일 수 없다 하여 산속(雪山)으로 들어갔는데, 나라에 임금님께서 감동하여 빨간 가사를 내리고 편히 공부할 수 있도록 여건을 조성하여 지금 티베트 스님들과 비슷한 녹라의상에 홍가사(紅袈裟)가 생기게

되었다.

한편 교리문제로서는 다섯 가지 이견이 있었으니 이것은 대천스님의 주장이었다.

첫째, 여소유(餘所誘)는 도인도 육체를 가진 이상 인간적 본능으로서는 성적충동이 없을 수 없으니 꿈속에서라도 몽정(夢精)을 할 수 있다는 말이다.

둘째, 무지(無知)는 생사윤회에 대한 무지는 없으나 세속적인 부지처(不知處)는 있을 수 있다는 말이다.

셋째, 유예(猶豫)니 아라한은 번뇌에 대한 의심은 있을 수 없으나 세속적인 상황에 있어서는 유예불결(猶豫不潔)한 일이 있을 수 있다는 말이다.

넷째, 타영입(他令入)이니 아라한이 스승 없이 깨달아 확실히 알았다 하더라도 선배들의 증언에 의해서 인증을 받아야 한다는 말이다.

다섯째, 도인성고기(道因聲苦起)니 깨달은 도인도 "아 괴롭다"는 말을 하여 사람들에게 깨달음을 줄 수 있다는 말이다.

말하자면 아라한은 아직 부처님 보다는 한 단계 낮은 사람으로 부처님처럼 무불통지(無不通知)한 사람은 될 수 없다는 말이다. 앞의 십사비법(十事非法)의 생활상은 때와 장소에 따라서는 융통성 있는 불법을 해야 한다는 파와 그렇게 해서는 안 된다는 파가 갈라져 만들어진 종파였고, 뒤의 대천의 5사는 교리적인 면에서 아라한주의를 부정하고 불·보살행을 본받아야 된다는 이상주의적 불교를 제창한 것이다.

이 같은 사건은 그 장소에서 한 번 분열되었으면 그것으로 끝나는 것이 아니라 끝없는 세월을 흘러가면서 근본 2부가 18부로 나누어져서 불멸 2·3백년 경에 이르러서는 20부파로 나누어지니 이것을 통칭 부파불교(部派佛敎)라 이르게 되었다.

대중부는 일설부(一說部)로 불렸는데 거기서
① 설출세부(說出世部)
② 계윤부(鷄胤部)
③ 다문부(多聞部)
④ 설가부(說伽部)
⑤ 제다산부(制多山部)
⑥ 서산부(西山部)
⑦ 북산부(北山部)로 나누어졌고

상좌부는 설산부(雪山部)로도 불렸는데, 뒤에
① 설산부(雪山部)
② 설일체유부(說一切有部)
③ 독자부(犢子部)
④ 법상부(法上部)
⑤ 현주부(賢冑部)
⑥ 정량부(正量部)
⑦ 밀림산부(密林山部)
⑧ 화지부(化地部)
⑨ 법장부(法藏部)
⑩ 음광부(飮光部)
⑪ 경량부(經量部) 등으로 나누어졌다.

불교계율과 교리에 대한 시비 31

원시근본불교사상과 부파불교의 차이점

원시 근본불교는 계율을 중심으로 하면서도
① 마음을 중심으로 고·집·멸·도(苦·集·滅·道) 4제법 문을 풀어 설명하고,
② 고·락(苦·樂), 선·악(善·惡)이 마음의 작용을 따라 나타난다 보았으며,
③ 마음 밖에 객관적 사실을 인정하지 아니하였다.
④ 설사 인도재래의 윤회업설을 이야기 하더라도 마음을 떠나서 업이 형성되지 않는다 하였고,
⑤ 물질과 정신을 이야기 할 때도 심칠물삼(心七物三) 실칠행삼(實七行三)으로 간주하였으며,
⑥ 4제중 고집 2제는 세간인을 중심으로 한 연기생관(緣起生觀)이고, 멸도 2제는 출세간적 인과로써 연기멸관(緣起滅觀)이었다.

그런데 부파불교는
① 융통성이 적고 고집성이 많아 객관적 세계에 대하여 실재적 세계를 인정하였다. (化地部)

② 정신과 물질이 실재하는 것으로 보았고(상좌유부, 三世
實有 法體恒有)
③ 대중부는 반대로 유심주의로 편향하여 일체를 죽은 재
와 같이 가명무실체(假名無實體)로 보았다. 사실은 이 가
운데서 용수보살의 공 사상이 나와 대승불교를 일으킨
기점이 되기도 한다.

이로써 보면 상좌부는 번뇌분석을 중심으로 윤회사상에 입
각하여 세상의 고통과 번뇌를 실재론적으로 해석하고 설명하
여 사실적 세계를 천명하였는데, 대중부는 수행해탈을 중심으
로 해탈사상에 입각하여 멸도에 중점을 두고 12연기의 환멸문
으로써 해석하였다.

그러므로 원시근본불교에서는 4제를 전체적인 면에서 관찰
하여 세·출세간 양중인과를 한꺼번에 관조하였는데, 부파불
교는 2제씩 따로 떼어 고집 2제 중심파와 멸도 2제 중심으로
하는 파가 생겨 거의 융통성이 없게 되었다.

어떻든 원시근본불교는 교계(教誡)를 중심으로 하여 사실적
인 사회 교화윤리운동을 전개하였는데, 부파불교는 이와는 반
대로 외부교화를 등한시 하고 내부의 교리 교조에 관해서 세
밀한 설명과 번쇄한 학문만을 중심으로 하다 보니 세속으로
부터 유리되는 바가 없지 아니하였다.

그러므로 원시근본불교는 출가 비구나 재가 신도를 막론하
고 개방적 종교태도를 가졌는데, 부파불교는 출가 비구에만
치중하다 보니 자연 출가본위불교가 되어 소승불교라는 폄칭
(貶稱)을 듣게 되었다.

또 원시근본불교는 경 율을 중심으로 실천하였는데, 부파불

교는 논장을 중심으로 하다 보니 말이 많아지고 실천이 작아졌던 것만은 사실이다.

이것은 현재 남아 있는 대비바사론 2백 권과 구사론·대법장론·하이발마의 성실론 같은 것을 보아도 알 수 있다. 대부분이 남의 학설의 잘잘못을 가르는 논설이 중심이 되어 있기 때문에 읽는 사람까지도 시비논사가 되기 쉽다.

사실은 이 같은 사고방식이 어찌하여 생겼는가 하면, 정통 불교를 그대로 지키려 하는 보수주의파와 그것을 대중에 활용시키고자 하는 진보주의파의 사고방식 속에서 나타난 현상이다. 그렇기 때문에 상좌부는 문장과 구절이 전설에 맞도록 소극적 태도를 취하는 반면, 대중부는 부처님의 정신을 취하여 적극적으로 혁신시켜 나아갔던 것이다.

부처님에 대해서도 상좌불교에서는 어디까지나 석가의 인간상을 중심으로 보았는데 반하여, 대중부에서는 초인간적인 면에서 교리중심의 불교를 폈던 것이 사실이다. 그러므로 부파불교에서 여래의 색신은 한정이 있고 수명 또한 한정이 있다고 보았는데, 대중불교에서는 여래의 색신은 불변하고 수명도 한량없다고 주장하고, 부파불교에서는 인간 석가불보다도 응신(應身)·화신(化身) 불을 배경으로 하여 영원불변의 법신불사상(法身佛思想)을 초출해 내게 된 것이다.

사실 이 같은 부파불교가 나오면서 여러 가지 논부가 저작되어 나올 뿐 아니라 계율 또한 달리 인식되어

① 담부덕부에서는 4분율,
② 살바다부에서는 10송율,
③ 미사색부에서는 5분율,

④ 가섭유부에서는 해탈율,
⑤ 대중부에서는 마하승지율,
을 따로 제정하였고, 입는 옷도

① 대중부는 황의,
② 법장부는 적의,
③ 설일체유부는 백의,
④ 음광부는 모란의,
⑤ 화지부는 청의,
를 입어 각각 그 형색까지도 달리 하였던 것이다.

생각하면 범계자가 없을 때는 따로 율법이 만들어질 필요로 느끼지 못했던 불교가 범계자가 생김으로써 시(是)와 비(非), 정(正)과 사(邪)가 생겨 오히려 세속사람만도 못한 시비 속에 휘말리게 된 것이니 "옳은 법도 없는 것만 못하다"는 말이 이를 두고 생긴 것이 아닌가 생각된다.

유마거사의 불이중도사상(不二中道思想)

바이살리 성에서 병든 몸을 가지고 천백억 화신을 나투어 장자·거사·바라문 등 수없는 중생을 제도한 유마거사가 부처님의 10대 제자와 보살들을 근기 따라 제도하니 그의 설법은 완공완무(完空完無)가 아니라 진공묘유(眞空妙有)의 설법이었다. 대승보살의 2대사상인 중생성취와 불국토 완성을 위하여 불이정토사상을 설하였는데 재가 출가를 논하지 않았다.

"중생은 아집으로 인하여 깨끗하고 더러운 국토를 만들어 자기의 국토를 삼고 보살은 불이(不二)의 사상을 따라 나와 남, 피차가 없기 때문에 있는 곳이 그대로 정토다. 곧은 마음이 정토이고, 깊은 마음이 정토며, 보리심이 정토다. 그러므로 보살이 정토를 얻고자 한다면 그 마음을 깨끗이 해야 한다."

하였다. 해와 달은 언제나 밝지만 장님은 보지 못한다. 그러므로 부처님은 발끝 하나만 까닥하면 3천대천세계가 칠보로 가득하고, 한량없는 공덕이 그 속에 가득하게 되는 것이다.

삼매(三昧)라 하면, 원시근본불교시대부터 공(空)·무상(無相)·무원(無願)을 제일로 쳤다. 그런데 대승 반야경에 이르러서는 백천삼매(百千三昧)가 나온다. 심지어는 그 경 이름이 보살염불삼매경·관불삼매경·여환삼매경·능엄삼매경 등으로 나오는 경전도 생겼다. 그렇기 때문에 불·보살들이 법문을 할 때는 반드시 먼저 삼매에 들어 중생의 근기를 안 뒤에 설법하였던 것이다.

화엄경 제1 적멸도량회에서는 보현보살이 일체여래정장삼매에 들어갔다 나와서 설법하고, 도리천에서는 법혜보살이 보살무량방편삼매, 타화자재천에서는 금강장보살이 보살대지혜광명삼매, 보광당법당에서는 보현보살이 불화엄삼매, 서다림회에서는 사자분신삼매에 들어 각각 설법한다.

이것은 마음이 안정되지 않고서는 상대방의 근기도 볼 수 없고, 상대방의 근기를 보지 못하면 불국정토를 나타낼 수 없기 때문이다.

그래서 유마거사는 어느 한 곳에 집착하면 그 한 가지만 보게 되기 때문에 정법을 설할 수 없다 하고, 진흙 밭에 연꽃을 피우려면 주민의 수준과 주인공의 인격, 실체와 방편을 잘 알아야 한다 하였다.

생사 속에서 두려움 없는 삶을 하려면
① 항상 금빛이 찬란한 몸을 가져 태양빛에 관계없이 밤낮을 보고,
② 들어오는 사람이나 나가는 사람이 때 묻지 아니해야 하며,
③ 시방보살들의 왕래가 끊어지지 않고,
④ 바라밀에서 퇴전하지 않으며,
⑤ 언제나 한량없는 법문을 듣고,
⑥ 온갖 세계에 가득찬 보물을 가지고 세상의 가난을 구하며,

⑦ 시방제불이 마음 따라 왔다 가고,
⑧ 궁전 안에서 시방의 불국토가 자유자재로 나타나야 한다 하였다.

만일 그렇게만 된다면
① 5무간에 있어서도 나를 괴롭히지 못하고,
② 지옥에 들어가서도 죄구가 없으며,
③ 축생에 이르러서도 무명·교만이 없고,
④ 아귀에 있으면서도 공덕이 충만하며,
⑤ 색·무색계에 나면 색·무색의 본이 되고,
⑥ 탐욕 속에 있으면서도 물들지 않으며,
⑦ 화를 내면서도 중생을 제도하고,
⑧ 어리석음 속에서도 지혜의 마음을 조복 받으며,
⑨ 간탐을 행하면서도 내외소유에 신명을 아끼지 않고
⑩ 계를 범하면서도 깨끗한 세계를 본다.
왜냐하면 비도(非道)가 그대로 불도이기 때문이다.

원래 이 세상의 이치는
① 생과 멸이 둘이 아니고,
② 나와 내 것이 둘이 아니며,
③ 수(受)와 불수(不受),
④ 깨끗하고 더러운 것,
⑤ 동(動)과 부동(不動),
⑥ 성문과 보살,
⑦ 선과 불선,
⑧ 죄와 복,

⑨ 유루와 무루,
⑩ 세간과 출세간,
⑪ 생사와 열반,
⑫ 진(盡)과 부진(不盡),
⑬ 아(我)와 무아(無我),
⑭ 명(明)과 무명(無明),
⑮ 색과 공,
⑯ 동(同)과 이(異),
⑰ 성(性)과 상(相)
⑱ 보시와 회향,
⑲ 불(佛)과 법(法)
⑳ 몸과 마음,
㉑ 입과 뜻,
㉒ 밝고 어두운 것,
㉓ 교와 열반,
㉔ 실(實)과 불실(不實),
㉕ 말과 침묵이 둘이 아니기 때문이다.

중생은 잡식(雜食)을 하고, 보살은 법식(法食)을 한다. 5곡은 달고·쓰고·시고·맵고·짜지만, 법식은 계향·정향·혜향·해탈향·해탈지견향으로 이루어지기 때문이다.

법식은 대비(大悲)로써 밥을 짓기 때문에 온 세계가 한 통 속에 들어가도 함께 섞이지 않지만, 잡식은 한량이 있으므로 찌고·삶고·입을 벌려 이빨의 공을 들여야 몸속에 들어가는 것이다.

그러므로 하염없는 삶을 하려면 공(功)을 배워 공을 증하고,

무상무작(無相無作)을 닦아 일어남이 없어야 한다.

세상이 무상한 것을 보고도 선행을 싫어하지 않고,
세간의 고통을 보고도 생사를 미워하지 않으며,
무아를 관하되 사람 가르치는 것을 게을리 하지 않고,
적멸을 관하되 길이 적멸에 들지 않으며,
멀리 여의는 것을 관하되 몸과 마음으로 선행을 닦고,
돌아갈 곳 없음을 알되 선행을 버리지 않으며,
행할 것 없는 것을 알지만 행으로써 법을 삼아
인(因)도 과도 상(相)도 없고 본원을 채우지 아니하면서도
복덕과 선정 지혜를 헛되지 않게 닦는다.
이것이 유마거사의 불이법문이고 중도실상이다.

이러한 법이 부파불교에 들어가니
마음이 큰 사람은 더욱 크게 확대되었으나
반대로 마음이 작은 사람은 큰 것을 평계하며
더욱 부덕(不德)만 행하게 되었다.
그러나 유마거사의 불이법문은 승만보살과 같이
위대한 원력을 가진 자에 있어서는 대승적인 원력을
발휘함으로써 근본불교를 더욱 빛나게 하였다.

승만부인의 서원

승만보살은 인도 사위국 바사닉왕의 외동딸로 아유다국 우칭(友稱) 국왕의 부인이 되어간 사람이다.

아유다국은 서역기에 곡여성 남방 갠지스 강의 서쪽에 있던 아름다운 영지로 무착・세친 시대에는 초일왕(超日王)이 다스리던 땅이라 하였다.

어머니 말이 부인의 편지를 받고 부처님의 위대한 정신을 받들어 10대 서원을 세웠다.

① 세존이시여, 저는 오늘부터 깨달음에 이르기까지 받은 바 계를 범하지 않겠습니다.
② 세존이시여, 저는 오늘부터 깨달음에 이르기까지 어른들에게 거만하지 않겠습니다.
③ 세존이시여, 저는 오늘부터 깨달음에 이르기까지 모든 중생에 대하여 절대 화를 내지 않겠습니다.
④ 세존이시여, 저는 오늘부터 깨달음에 이르기까지 남의 잘생긴 것을 보고 시기 질투하지 않겠습니다.
⑤ 세존이시여, 저는 오늘부터 깨달음에 이르기까지 내외법에 아끼는 마음을 일으키지 않겠습니다.

⑥ 세존이시여, 저는 오늘부터 깨달음에 이르기까지 내 몸을 위해서 재물을 저축하지 않고 모든 고통 중생을 위해서 쓰겠습니다.
⑦ 세존이시여, 저는 오늘부터 깨달음에 이르기까지 내 몸을 위해서 4섭법을 행하지 않고, 중생을 위해서 염심(染心)을 일으키지 않고, 만족한 마음으로 걸림 없는 삶을 하겠습니다.
⑧ 세존이시여, 저는 오늘부터 깨달음에 이르기까지 고독한 사람 병들어 고통하는 사람, 여러 가지 액난에 시달리는 중생을 위해서 잠시도 버리지 않고 안온과 이익을 주겠습니다.
⑨ 세존이시여, 저는 오늘부터 깨달음에 이르기까지 악율의(惡律儀)에 시달리는 중생들을 보면 그들을 섭수절복하고 더 이상 그곳에 머물지 않도록 거두어 주겠습니다.
⑩ 세존이시여, 저는 오늘부터 깨달음에 이르기까지 바른 법을 섭수하여 결코 망실하지 않겠습니다.

그리고 다시 세 가지 서원을 세웠다.
① 선근으로서 모든 법에 바른 눈을 잃지 않고,
② 다른 사람의 마음을 제압하지 않고 꼭 자유를 얻게 하겠습니다.
③ 정법에 머물러 몸과 명과 재물을 아끼지 않겠습니다.

승만부인은 한 나라의 왕의 부인으로써 수많은 채녀들을 불심으로 거두어 드리고 7세 이상의 여인들을 대승법으로 교화하고, 우칭 왕에게는 7세 이상의 남자들을 가르치도록 하였다.

왜냐하면 모든 남자와 여자 속에는 모두가 여래의 종자를 갈무리고 있다는 사실을 확실히 믿었기 때문이다.

갠지스 강 서안에는 일찍이 알렉산더대왕 때부터 수많은 서양인들이 와서 제2세 3세의 자손들을 번식하고, 동서문화를 교류하며 번성하게 살고 있었기 때문에 승만부인의 서원사상은 깊이 그 영향을 미치지 아니할 수 없었다.

"거꾸러진 중생은 무상한 것을 상(常)이라 하고, 괴로운 것을 낙(樂)이라 하며, 무아를 나(我)로 삼고 부정한 것을 깨끗하다(淨) 하는데 모든 아라한과 벽지불 정지자(淨智者)는 일체지와 여래의 법신을 보는 까닭에 그 법신 속에 들어있는 평화의 정신을 항상 즐겁고 자유롭고 깨끗한 것으로 관찰하고 있습니다."

〈승만경 전도진실장〉

"그러나 성문·연각 누구도 대승법에 들어오면 부처님의 깨달으신 눈이 열려 아뇩다라삼먁삼보리 무상정등정각(無上正等正覺)을 얻으므로 제일의중(第一義中)에서 모두 하나가 될 수 있습니다."

〈일승장〉

"그래서 저는 여래의 진실한 공덕을 찬탄하고 오랜 세월 부처님께 공양한 일을 기억하며 보당여래께서 수기(授記)를 받은 대로 열 가지 서원을 세워 이 세계를 불국정토로 만들고자 합니다."

〈여래진실공덕장〉

이와 같은 서원사상(誓願思想)은 일찍이 부파불교에서는 발견할 수 없는 불교교리였다. 유마경의 불이사상이 나오면서 일승원교(一乘圓敎)에 대한 이상이 설정되고, 그 이상을 실천하기 위하여서는 위대한 서원이 필요하였기 때문에 이 같은 사상이 나타나게 된 것이다.

이 같은 사실은 승만부인에게서만 볼 수 있는 것이 아니고 급고독장자의 딸에게서도 볼 수 있다.

남방 나체국에서 바라문교를 믿는 왕의 아들이 급고독장자의 딸을 보고 청혼하자, "나는 부모님께서 돌아가시면 발심 출가하여 부처님 제자가 되겠다." 하자, 부처님께서 물었다.

"그대는 부처님 마음을 아는가?"

"잘 알지는 못하고 있으나 가까이 모시면 장차 알게 될 수 있으리라 생각합니다."

"그렇다, 청신녀여. 이 세상 모든 사람 속에는 부처님 마음이 들어있기 때문에 부처님을 가까이 하면 반드시 부처가 될 수 있다. 그런데 왜 그대는 결혼하지 않으려 하는가?"

"신랑 키가 120cm밖에 안되고, 옷을 입지 않고, 생식을 하므로 함께 살 수 없을 것 같습니다."

"그런 말을 하지 말라. 120cm 되는 사람이 180cm 되는 사람과 같이 살다보면 아들딸들은 150cm는 될 것이고, 그들이 2,3세쯤 넘어가면 몸의 색깔도 키도 비슷비슷하게 되지 않겠는가."

"그의 온 가족이 생식을 하고 있는데요?"

"그대가 가서 익혀먹는 법을 가르치면 되지 않겠는가. 음식을 익혀 먹어보면 알게 되어 있다. 생것과 익은 것을 같이 먹다보면 습관 따라서 그 식성이 달라지게 되어있다. 옷을 입는 것도 마찬가지다. 인류가 처음 생성 되었을 때는 옷도 해서 입을 줄 몰랐고, 몸도 가릴 줄 몰랐으나 언제부터인가 습관이 달라져 옷을 해 입게 되고, 몸도 아름답게 꾸미게 된 것이니 다른 생각하지 말고 부모님 뜻을 따라 결혼하라."

"저는 출가하여 비구니가 되고 싶은데요."

"불제자가 되는 것은 곧 중생을 위한 것인데, 기회를 놓치면 방편도 쓰기가 어려워지느니라."

그리하여 그는 남인도에 가서 그 나라를 문화국가로 만들었다 하였다.

이와 같이 사람은 습관을 따라 그 세계가 정토도 되고 예토도 되기 때문에 승만부인은 원력을 따라 불국정토를 형성하고자 서원을 세웠던 것이다.

아리스토텔레스와 알렉산더대왕

아리스토텔레스(BC.384~322)는 고대 그리스의 최대의 철학자이다. 스타게이로스에서 태어나 17세 때 아테네에 진출, 플라톤의 학원에 들어가 스승이 죽을 때까지 거기에 머물렀다.

그 후 여러 곳에서 연구와 교수를 거쳤는데, 그 때 알렉산더도 가르쳤다. BC.335년 다시 아테네로 돌아와 리케이온에서 직접 학원을 열었다. 스승 플라톤이 초감각적 이데아의 세계를 존중한 것에 대해 아리스토텔레스는 인간에 가까운 감각되는 자연물을 존중하고, 이를 지배하는 원인론의 인식을 구하는 현실주의적 입장을 취하였다.

그러나 이 두 사람의 철학자를 극히 대립되는 것으로 생각하는 것은 피해야 한다. 왜냐하면 아리스토텔레스는 스승의 철학에서 깊은 영향을 받고 출발하여 뒤에 가서 독자적인 체계를 구축하는데도 플라톤의 철학적 범주 안에서 이루어진 것으로 생각되기 때문이다.

그의 사상적 특징은 주는 것에서 출발하는 경험주의와, 궁극적인 근거에까지 거슬러 올라가는 근원성, 지식의 전 부분에 걸친 종합성에 있다. 이제 그 학문을 논리학・자연학・형

이상학·윤리학·정치학·시학 등으로 분리하여 간단히 설명해 보면 다음과 같다.

첫째, 논리학은 학문적 인식은 사물이 지닌 필연적인 관행을 그 원인에 따라 인식하는 것에 있다고 생각하고 그 방법으로써 3단논법(서론·본론·결론)을 제시하였다. 이 논리는 장차 "오르가논(organon)"이라는 이름으로 후세에 전해졌다.

둘째, 자연학은 만물이 운동하고 변화하는 감각적 사물의 연구가 자연학이다.
여기 네 가지가 있다.
① 질료인(質料因)은 사물이 되어 있는 소재
② 형상인(形相因)은 사물의 정의가 되는 것
③ 동력인(動力因)은 사물이 형성된 힘
④ 목적인(目的因)은 운동이 지향하는 목적
이 가운데 ②③④는 자연물에 있어서는 하나이므로 결국 질료와 형상에 있어서 자연물이 이루어지고, 질료 속에서 형상이 자기를 실현해가는 생성·발전의 과정으로써 자연의 존재를 파악한 것이다. 질료는 거기서 형상이 실천해 갈 수 있는 능력(可能態)으로서 최종목적에 따라가 파악된다. 그러므로 최종목적인 에로스는 완성태(完成態)로써 현실태(現實態)를 인식하는 목적론적인 자연관으로 보는 것이다.

셋째, 형이상학은 존재의 일부를 대상으로 하는 특수학에 대하여 존재하는 모든 사물에서 으뜸 되는 원인들을 탐구하는 학문을 소피아(지혜) 제1 철학이라고 본다. 그것은 동시에 보다 고귀한 존재자를 다루는 학문으로써 신학이기도 하다. 신은 으뜸 되는 존재이기 때문에 모든 사물의 존재원인이기도 하다. 신은 진로에서 떠나 영원불변한 관조 안에 머무는 자기 사유자로서 최고의 현실태이고, 그것 자신은 부동(不動)이면서 사랑을 받는 것으로써 일체의 것을 움직이는 부동의 제일 동자(動者)이다. 그것은 자연계를 초월하는 자연계의 근거로써 종국적 목적이다. 이 학문은 뒤에 "형이상학적"이라 불리어졌는데, 그 이름은 이 학문 뒤에 전집 편집에서 주어진 위치에서 유래된 것이다.

넷째, 윤리학은 행위의 종극목표는 신의 자기 사유활동을 모방하는 이성적 관조에 놓여 있으나 이것은 약간의 사람에게 일시적으로 허용되는 것에 지나지 않고 일반적으로는 일상의 행동 속에서 이성적 질서를 실현하는 중용(中庸)으로써 덕목을 말한다.

다섯째, 정치학은 인간은 국제적 동물이다. 공공의 생활 가운데 인간의 선이 실현된다. 그런 까닭에 윤리학은 정치학의 일부를 이룬다고 생각한다. 중산계급을 중심으로 하여 다스림을 받는 자가 교대하여 다스리는 자로 되는 곳에서 실현될 수 있다고 하는 최선의 나라 제도가 있다고 한 정체론(政體論)은 온건한 민주주의의 뛰어난 이름인 것이다.

여섯째, 시학은 창작의 본질은 모방에 있다. 비극은 숭고한 행위의 모방이며, 숭고한 인물이 불행에 빠져가는 과정을 모방함으로써 관객 가운데서 일어나는 연민과 공포의 정을 이용하여 이와 같은 정서를 정화하는 것을 본질로 한다.
 아리스토텔레스의 이 같은 학문은 장차 많은 사람들의 학문의 목표가 되기도 하고 행위의 철학이 되기도 하였으며, 논리의 증거가 되기도 하였다.

 알렉산더대왕(BC.356~323)은 마케도니아의1) 왕이다. BC.336년에 재위하여 323년에 서거하였는데, 그리스·페르시아·인도에 이르는 대제국을 건설한 임금님이다.
 아버지 필립포스 2세가 아내의 곁에 있는 뱀을 보고 낳았는데, 어머니 올림피아스는 벼락이 배에 떨어지는 꿈을 꾸고 임신하였다 한다.
 그의 교육은 당시의 대학자인 아리스토텔레스가 마케도니

---

1) 마케도니아(Republic of Macedonia)는 발칸반도 중부에 있는 나라 이름이다. 면적은 2만 5천 713㎢ 인구는 234만 명(1993), 89년 동구를 휩쓴 공산정권 붕괴의 소용돌이를 틈타 91년 유고슬라비아로부터 독립한 나라이다. 그리스의 반대가 있었지만 EC의 승인을 얻어 유럽평의 회원국이다. 2005년 12월 EU 회원국후보와 NATO회원국으로 가입신청을 하고 있다. 수도는 스코페이다. 사실 이 나라는 그리스·불가리아·유고슬라비아가 있는 발칸반도 중심부에 있는 나라로써 신석기 시대부터 인류가 살았으며, 원주민은 일리리아트라카아인이라 알려져 있다. BC.5세기에 마케도니아왕국이 일어나 알렉산더대왕의 헬레니즘 제국으로 발전하였으나 그가 죽자 곧 붕괴되었다. 그 뒤 BC.2세기경부터는 로마제국의 속주로 있다가 4세기부터서는 비잔틴제국의 속주가 되었다. 6~7세기경에는 발칸을 향한 슬라브민족의 대이동이 있었으며, 그들이 세운 불가리아 왕국과 세브리마 왕국이 크게 번영, 봉건적 토지소유제가 발달하였다. 그러나 14세기 말에 터키제국의 영토가 되었고, 그 후 약 500년간 강제적으로 이슬람의 동화정책에 의해 경제와 문화가 황폐되었다. 그러나 그 때(19세기)에 이르러 발칸민족의 독립운동이 일어났으나 그동안 러시아·오스트리아·영국의 동방정책과 얽혀 마케도니아 문제가 국제적으로 비화되기도 하였다.

아 수도인 펠라의 궁전에 초빙되어 3년 동안 윤리학·철학·문학·정치학·자연과학·의학 등을 가르쳤다. 그는 호메로스의 시를2) 애독하여 원정에 나아갈 때도 그 책을 지니고 다녔다고 하며, 학자들을 대동하여 각지의 탐험·측량 등을 시킨 일이나, 변함없이 그리스문화를 숭상한 일등은 스승의 영향을 받은 것이 크다고 하였다.

또한 부왕으로부터 전술·행정 등의 실제적인 일을 배우고, BC.338년에는 카이로 네이아전쟁에3) 직접 참가하였다. 부왕 필립보스가 암살되자 군대의 추대를 받아 20세의 젊은 나이로 왕위에 올라 그리스 도시의 대표자회의를 열고 아버지와 같이 헬라스 연맹의 맹주로4) 뽑혔다. 때마침 마케도니아 북방에 만족(蠻族 ; 이민족)이 침입하고 서방에서도 반란이 일어났는데, 그 때 그가 그 자리에서 숨졌다고 헛소문이 나자 온 그리스가 동요되고 테베에서 반란을 일으켰다. 알렉산더는 즉시 테베(나일강 중류에 있는 고대 이집트 도시)를 토벌하고 테베 시민들을 노예로 팔아버렸다.

BC.334년 그는 마케도니아군과 헬라스연맹군을 거느리고 페르시아(이란) 원정을 위해 소아시아로 건너갔다. 먼저 그라니코스강변에서 페르시아군과 싸워 승리하고 페르시아의 지배하에 있던 그리스 여러 도시를 해방시켰으며, 사르디스 그

---

2) BC.800~750사이에 산 호메로스가 지은 일리아스와 오디세이아를 그리스의 신화를 찬가집으로 만든 것. 총 15,693행 12,110으로 되어 있다.
3) 마케도니아가 플러스적 그리스세계에 정치적 독립에 종말을 찍은 전쟁.
4) 그리스의 모든 도시를 일체화한 코린토스동맹. 이로 인해 페르시아 원정에 나선다.

밖의 땅을 점령한 뒤 북시리아를 공략하였다.

　BC.333년 그의 나이 23세 때는 킬리키아의 이수스싸움에서 다리우스 3세의 군대들도 파하고 이어 페르시아 함대의 근거지인 티로스·가자 등을 점령하였다. 그리고 시리아 페니키아를 정복한 다음 이집트를 공략하였다. 이집트에서는 나일강 하류에 자신의 이름을 딴 <알렉산드리아>란 도시를 건설하고 1천킬로가 넘는 사막을 거쳐 아문신전(이집트의 태양신)에 참배함으로써 여기서 <신의 아들>이라는 신탁통치의 이념이 나타나 만인동포관(萬人同胞觀)을 지니게 되었다.

　BC.330년 다시 군대를 돌이켜 메소포타미아에 들어가 가우가벨라에서 세 번이나 페르시아군과 싸워 대승하였다. 알렉산더는 계속해서 바빌론·수사·페르세폴리스·엑바타나 등지의 여러 도시를 장악하였다. 그는 여기서 마케도니아군과 그리스군 중의 지원자만을 거느리고 다시 동쪽으로 원정하여 이란 고원을 넘어 인도의 인더스강가에 이르렀다. 그런데도 이 지역의 왕 암비는 저항하지 않고 황소 3천 마리와 양 1만 마리 지원군 5천명으로 그를 환영하였다.
　"어찌하여 임금님께서는 우리를 적으로 생각하지 않고 환영하십니까?"
　"일찍이 우리는 부처님의 법을 의지하여 사랑을 베풀고 있기 때문입니다. 전쟁이란 살육으로 인해 고아와 과부 고독한 노인들만 양산하는 것이 아닙니까?"
　감격한 알렉산더는 자신도 더 이상 전쟁을 하지 않고 평화스런 마음으로 세상을 다스리겠다고 다짐하였는데, 그때 마침

군사들 중에는 열병이 퍼지고 장마가 계속 되었으므로 군대를 돌려 페르세폴리스에 되돌아 왔다.

BC.323년 바빌론에 돌아와 아라비아원정을 준비하던 중 33세의 젊은 나이로 갑자기 죽었다. 그는 자신이 정복한 땅위에 70개가 넘는 <알렉산드리아> 도시를 건설하여 장차 그리스문화 동점(東漸)의 거점이 되었다.

그의 문화사적 업적은 유럽과 아시아·아프리카에 걸친 대제국을 건설하여 그리스문화와 오리엔트문화를 융합시킨 새로운 헬레니즘문화를[5] 이룩한데 있었다. 그가 죽은 뒤 대제국의 영토는 마케도니아·시리아·이집트 세 나라로 갈라졌다.

---

[5] 그리스어를 중심으로 오리엔트적 전제군주풍에 페르시아 귀족문화를 혼용한 문화, 세계시민주의 시대를 열다.

호불왕 아쇼카

희랍의 알렉산더대왕이 서인도를 교란하므로 마우리아왕조(孔雀王朝)의 초조인 찬드라굽타 왕이 일어나 희랍의 세력을 구축함과 동시에 중인도 마가다국의 왕위를 빼앗고 다시 사방을 정복하여 중·북·서의 3인도를 통일하였다.

그 후 아들 빔비사라 왕이 부왕의 대업을 계승하여 국내를 통치하고 희랍·이집트 등과 외교하여 동서문명을 합류하니 문화적으로 많은 발전을 보게 되었다.

아쇼카 왕은 마우리아(공작)왕조의 제3대로써 찬드라굽타왕의 손자요, 빔비사라 왕의 아들이다. 성질이 괴팍하여 부왕의 사랑을 받지 못했는데, 아버지의 밀명을 받고 덕차사라 국 탁실라에서 반란이 일어나자 일부러 아쇼카를 보내 진압하도록 하였는데, 아쇼카는 즉시 반란을 진압하고 고향에 돌아와서는 이복형 수시마를 죽이고 신하와 여인들을 많이 죽였다. 즉위 제9년에 그 광폭한 성격으로 전인도를 확실히 통일하였다. 특히 남방의 강국인 칼링카 국을 정벌할 때 10만의 전사자와 15만의 포로, 그리고 숫자를 헤아릴 수 없는 기사병몰자(飢死病歿者)를 내게 되었다.

하루는 민생을 살피기 위해 나섰다가 위패 4개를 모시고 홀로 제사를 지내는 여인에게
"자손들은 다 어디가고 홀로 제사를 지내느냐?" 물으니
"아쇼카란 놈이 4대를 단칼로 죽여 그의 부녀자들도 다 죽고 나만 홀로 남았다."
고 하며 날카로운 손톱으로 온몸을 후벼 상처를 냈는데, 즉시 창병으로 변해 큰 충격을 받고 다시는 전쟁을 일으키지 않겠다고 맹세하고, 불교의 자비에 귀의하였다. 즉위 11년에는 수계신남(受戒信男)이 되고, 12년에는 자주자주 칙령을 내려 사형수를 석방하고 살생을 금하며 스스로 수렵을 폐지하고 국민의 진상을 감하게 하였다.
그리고 왕자 마힌다와 왕녀 상가미트라를 출가시켜 불법을 수학하여 널리 전도케 하였고, 또 친히 여러 고승대덕들을 초청해 청법하고 많은 승려들에게 공양하였다.
즉위 13년에는 정법대관을 각지(스리랑카·시리아·이집트·그리스 등)에 파견하고, 18년에는 화씨성에서 제3회 불전결집을 행하고, 각국에 전도사를 파견하고, 그 다음에는 자신이 스스로 부처님의 유적을 순례하며 성지마다 기념비를 세워 수많은 사탑(寺塔)을 건립하고 호법사업과 자선사업을 실시하여 많은 생명을 살리고 일의전심으로 정법포교에 진력하였다.
당시 탁실라 만세라에 새겨진 비문에는 "동물을 죽이지 말고, 부모나 장로의 의견을 존중하고, 승려에게 보시하고, 사람과 가축을 잘 돌보고, 약초를 재배하여 병원을 세우라" 하였다.
말년에는 정치를 황족과 대신들에게 맡기고 스스로 왕궁 내에 은거하여 수도적인 생활을 하면서 70세까지 복된 생활을 하였다. 특히 대왕께서 8만4천 탑을 건립하고 매일같이 불승

들을 공양하자 외도와 범성(凡聖)들이 혼잡하여 진·가(眞·假)를 가릴 수 없이 불화(不和)가 나타났으므로 7년 이상을 포살을 행하지 못하고 있다가 왕의 아우 목건련자 제수에게 제3회 결집을 부탁하니 승려 1천 명을 추천받아 9개월 동안 논사를 중심으로 결집하니 때는 왕의 즉위 연대 제18년이었다. 이것이 저 유명한 제3의 결집이다. 제1회 결집은 불멸 당년에 마하가섭이 아난존자를 데리고 왕사성 칠엽굴에서 실시하였고, 제2 결집은 바이살리 성에서 계율과 교리의 문제로 의견을 조정, 상좌부와 대중부가 갈라졌으며, 제3회 결집은 논사(論事)를 중심으로 한 것이라 한다. 탁실라의 시르카프에는 머리가 두 개 달린 독수리탑이 있는데, 이는 아쇼카 왕의 태자 쿠마라와 연관이 있다.

쿠마라 왕자는 태어나면서부터 마치 히말라야 눈 속에 살고 있는 쿠마라 새와 같은 눈을 가져 이름을 쿠마라라 지었는데, 아쇼카 왕의 후비 가운데 가장 어린 나이의 티샤라크시타가 왕자의 눈에 현혹되어 사랑을 고백하고 젖가슴을 내놓은 뒤 왕자를 껴않으니 말했다.

"아버지의 부인은 어머니와 같습니다."

이에 수치심을 느낀 티샤라는 그 모멸감 때문에 크게 증오심을 품고 돌아왔는데, 마침 쿠마라를 탁실라의 작은 왕으로 봉하였다. 태자는 칸차나마라 부인을 데리고 가서 선정을 베풀고 있었다.

그런데 그 때 아쇼카가 중병이 들어 죽게 되자 백방으로 의약을 구했는데, 누구하나 고치는 사람이 없었다. 티샤라크시타 왕비가 전국의 의사를 불러 모으고 왕과 비슷한 병을 앓고 있는 환자를 찾아 해부해보니 배속에서 커다란 벌레가 나왔다. 갖가지 약을 써도 죽지 않더니 마늘 즙을 부으니 그만 죽고 말았다. 그래서 티샤라 왕비는 아쇼카 왕에게 마늘 즙을 먹여 병을 구했다. 왕이 말했다.

"무엇이고 당신이 원하는 일은 들어 줄 터이니 말하라."

이에 왕후는 옛날 쿠마라를 생각하며 이에 복수하려면 특권을 가져야 한다 생각하고 "3일 동안 왕의 권한을 달라"고 하였다. 그리고 그 왕권으로 쿠마라의 왕권을 박탈하고 한편 두 눈을 뽑아버리도록 하였다.

그날 밤 왕은 독수리가 큰 나라의 눈을 파 버리는 꿈을 꾸었으나 왕비의 위안을 받고 모두 잊어버리고 있었는데, 눈을 잃어버리고 왕위를 빼앗긴 왕자는 그 부인과 함께 천하를 주유하며 "우순풍조민안락 천하태평법륜전"의 노래를 악기로 부르며 아버지 궁전 근처에까지 왔다. 그 악기 소리를 들은 아쇼카 왕은 옛 쿠마라의 생각을 하고 신하를 보내 확인한 뒤 왕후를 잡아 두 눈을 뽑고 손톱을 뺀 뒤 처형하였다.

왕자는 왕후의 죄를 용서해 달라고 빌다가 그만 잠이 들었다. 경내의 스님들이 모여 밤낮없이 경을 읽었는데, 신비하게도 쿠마라의 눈이 예전처럼 밝아져 다시 탁실라의 왕이 되어 가서 시르카프에 있는 궁전에서 살았으므로 지금도 많은 장님들이 이곳을 찾아 영험을 구하고 있다.

탁실라는 마갈타국의 제2 도시다. 제1 도시는 파탈리푸트라이다. 빔비시라 왕이 먼저 살던 왕사성은 물이 부족하였으므로 물이 풍족한 파탈리푸트라 성으로 서울을 옮기고 이집트·이란·이라크·그리스·파키스탄 등을 거느리기 위하여 제2

서울을 이곳 탁실라에 세웠던 것이다.

이로써 보면 제2 도시 탁실라를 중심으로 아쇼카 왕의 불교정신이 서양각국에 퍼져 널리 신행되고 있었을 것으로 사료되며, 그의 역사는 갈수록 발견되고 있다.

예수의 12세 제자 토마스가 쓴 토마스 복음서 자료들이 이곳에서 발견된 것도 우연한 일이 아니다. 토마스가 맡아 짓기로 한 공드파레스 왕의 궁전이야기가 바로 이곳을 배경으로 하여 나타났기 때문이다. 토마스의 사상은 불교의 공, 화엄의 동일체(同一體), 3론의 불이론(不二論)과 같아 기독교 12교파 가운데 그노시스파에 해당된다. "그노(gno)"란 지혜로써 만물을 지혜에 의해서 판단하는 철학이다. 토마스가 탁티바이 사원에서 불교를 익힌 뒤 이 복음서를 썼다 하여 기독교에서는 이단시 하고 있다. 그러나 이 문서는 사실로 들어났으니 이것을 어찌 거짓말이라 할 수 있겠는가. H_2O가 한데 엉기면 물이 되듯이 서양사상과 동양사상이 한데 어울리니 헬레니즘문화가 된 것이다.

예수는 十자가에서 죽지 않고 카쉬미르까지 와서 78세까지 살면서 세 여인에게 5남매의 자식을 두었다.

큰 부인 막달라 마리아에게서는 딸 타마르와 두 아들 유스도·요세프를 낳고, 둘째부인인 리디아에게서는 딸 하나만 낳고 사별하였는데, 세 번째 마리온은 카쉬미르 왕 아크의 권유로 얻어 막내아들 아호이아 킴을 낳았다. 토마는 그곳으로부터 약 250km 떨어진 탁실라에 살고 있어 막내아들을 데리고 종종 만났고, 임종 때에도 직접 참석하여 유훈을 들었다.

헬레니즘문화와 오리엔탈문화

알렉산더대왕이 페르시아제국을 멸망시킨 뒤 다시 동방으로 진군하였다가 바빌론에 돌아와 죽었다. 따라서 그 유장(遺將 ; 디아도코이)들은 서로 권력을 다투다가 입소소의 싸움(BC.301)과 쿠르페디온의 싸움((BC.281)을 거쳐 마지막엔 카산드로서(훗날 안티고노스) 왕가가 지배하는 마케도니아, 셀레우코스 왕가가 지배하는 시리아, 프톨레마이오스 왕가가 지배하는 이집트로 집약되게 되었다.

그런데 이들은 그리스의 사상을 배경으로 헬레니즘문화를 형성하고 있었는데, 마침내는 로마에 합병되었다. 그리스 본토는 아이트리아 동맹·아카이아 동맹으로 도시국가 형식으로 유지하다가 상업중심의 코린토스 문화중심의 아테네, 노예무역중심의 델로스 섬과 로도스 섬을 제외하고는 쇠퇴일로를 걷다가 결국에는 로마의 영토가 되고 만다.

특히 마케도니아국가는 국력이 극히 약해졌고 시리아 이집트는 오리엔트문화를 받아들여 강력한 군주 국가를 형성하고 있었다.

그런데 그 때 아쇼카 왕의 정법대관들이 들어오면서 경제

문화중심의 도시국가들이 도덕・정의중심의 사회국가로 발전하였다. 말하자면 국왕들은 제후들에겐 사여지(賜與地)를 주고 병사들에겐 봉토(封土), 종교인들에겐 신전령(神殿領)을 내려 강력한 봉건 전제주의적 사고방식이 싹트게 되었다. 사실 모든 권한은 왕이 가지고 있으면서 봉건지주들이 노예를 거느리고 고래의 토착종교까지도 마찰 없이 잘 거느렸다.

그런데 BC. 64년 로마 령으로 편입되면서 모든 자료가 연멸되어 그 역사를 확실히 알 수 없게 되었으나, 알렉산더 이후 로마 령이 될 때까지 약 2세기에 걸쳐 형성된 메소포타미아・시리아・키레네의 설형문자(楔形文字). 양피지에 쓰여진 법문(法文), 금석문에 나타난 자료, 파피루스에서 나온 자료들을 보면 거의 그 내용을 알 수 있다.

이집트에는 알렉산드리아・나우크라티스・프톨레마이오스 등 그리스풍의 폴리스가 셋이 있었는데, 그 중 프톨레마이오스 왕국의 수도였던 알렉산드리아는 상업 항구였지만 무세이온 학사원(學士院)까지 차려져 세계 각국의 도서가 진열되어 그리스 학예의 중심지로써 없는 것은 눈(雪) 뿐이었다고 한다.

어떻든 알렉산더 이후 셀레우코스 왕들의 영내에는 새로운 폴리스가 중심이 되어 그리스문화가 오리엔트의 오지(奧地)에까지 침투하였다 하였고, 간소한 그리스말이 헬레니즘의 교통어로 사용되었다고 한다.

유력한 신하들은 왕의 부를 늘리기 위해서 새로운 땅을 개척하였고, 제유식물(製油植物)들을 배양하여 기름을 짜고 맥주를 만들고 소금을 굽고 종이를 떠서 모두가 전매제로 운영되었으며, 특히 광업이나 은행들은 임금님들의 독립 수입원으로 키웠다. 부족한 것은 수입하고 넉넉한 것은 수출하여 전대미

문의 풍요를 이룬 시대가 헬레니즘 문화시대였다.

  헬레니즘문화의 특징은 그리스의 신정이 오리엔탈문화를 받아드림으로써 전제군주국가로 바뀌었다는 점과, 그리스 관료들이 페르시아 왕국과 혈연관계를 맺어 이민족의 정치·경제·사회·문화·종교에 이르기까지 혼혈상태를 운영하였다는 사실이다.

  요즈음말로 하면 한국 총각이 베트남·몽골·인도네시아·캄보디아·인도·소련 여성들과 결혼하여 거기서 자식을 낳음으로써 여러 나라 풍속과 종교 사상을 융합하여 다민족 다종교사회를 형성한 것과 같다. 그러나 그 가운데서도 가장 혁혁한 것은 아쇼카 왕의 서구 진출 이후 불교사상이 두드러지게 나타나고 있었다는 사실이다.

  대부분의 이민족과 다른 종교들은 한데 어우러지지를 못하고 승패를 거듭해온 가운데 지리멸렬 하였지만, 불교는 마치 물과 우유와 같아 어떤 사람과 민족과도 잘 어울려 평화적으로 조화를 이루어가고 있었다.

  특히 금강경의 무상(無相)·무주(無住) 사상이나, 방등경의 삼세일체(三世一體) 시방동화(十方同和) 사상은 아무리 낯설고 물 설은 사람이라도 고향 사람처럼 친해져 함께 어울리게 되어 있었다. 소맷자락 한 번 스치는 것도 500생의 인연이고, 한 자리에 앉아서 밥을 먹고 법을 들은 인연이라면 천겁 만겁의 인연 속에 맺어진 사람이라고 하고, 더욱 친밀하게 지낼 수 있었다.

  오리엔탈문화는 창조의 신 엘(엘로힘 : 하나님)이 장차 히브리인들의 엘로 힘으로 전이된다. 사실 가나안 주신은 바알(주님)이었는데, 그곳에서 믿던 사람들이 자연스럽게 익혀와 시편 68편 34절이 바알찬송에서 옮겨 왔음을 인정하고 있다.

여기서는 유일신이 대부분 복수형으로 신들이라 나오고 있기 때문이다. 원래 유대교는 다신교였으나 이집트 바알신앙에서부터 유일신으로 바뀌게 된다. 말하자면 강과 바다의 신 얌(Yamm ; 큰 용)과 투쟁하는 장면이라든지 그 양식에 있어서 대구법을 썼다는 것, 예수가 마지막 십자가에서 외친 "엘리 엘리 라마 사박다니"(나의 하나님 나의 하나님 어찌하여 나를 버리셨나이까?)는 유대인들이 늘 교당에서 암송하던 시구이다.

그리고 잠언은 격언집인데 솔로몬이 지은 것으로 되어 있지만 이 또한 이집트 메소포타미아 등지에 유행하고 있던 시들이다. 내용은 지혜의 연찬을 중심으로 솔로몬 히스기야 왕에 편집된 솔로몬 잠언, 아들 르무엘 왕의 잠언과 현숙한 아내가 그 중심이다. 유대인들은 아이들이 이 글을 외울 때마다 단꿀을 입술에 발라주었다.

이집트 지혜문학은 이스라엘에서 한참 유행하다가 이스라엘화 하였고, 그 때 페니키아 수메르·바빌로니아·시리아·히타이트 등 30여종이 종합되어 인격을 닦고 행복한 삶을 성공적으로 할 수 있도록 개도하였다. 특히 대인관계에 있어서 기법과 같은 실리적인 것도 있고 심지어는 아부, 뇌물 쓰는 법이 있는데 프타호텝의 가르침, 아멘에모펫의 가르침(제12왕조 아멘에모펫이 아들에게 왕위를 넘겨주면서 전해준 교훈 : 잠언 22 : 17~24)들이 그것이다.

전도서는 세상의 무상을 깨닫게 하고 진리를 전하게 하는 것을 본위로 하는데, 현자들의 격언이 기본이 되어 있다. 이 이름은 모두 솔로몬으로 되어 있으나 그의 문하에서 활동하던 문인들의 작품이다. 그러므로 이 글은 한 민족이나 국가의 글이 아니고 인류공동의 산물이다. 이집트·바빌로니아의 교훈서나 전도서는 죽음 보다는 지혜있는 삶을 동경하면서도 신들을 두려워하고 있다. 이것은 스토아학파의 철학과 알렉산드리아 이후에 불교의 공사상이 접목된데 원인이 있다고 본다.

그리고 아가서는 관능적인 연애시가 주류를 이루고 있다. 윤리 도덕 신보다는 관능적 육체의 아름다움을 칭찬하고 있기 때문이다. 그래서 그 당시에는 30세까지는 이 글을 읽지 못하게 하였으나 남녀의 성을 신과의 관계에서 푼 유대인들도 있었다.

배꼽은 썩은 포도주로 가득 채운 잔과 같고
두 유방은 백합 가운데서 꿀을 먹는 쌍태 노루 같구나.

사실 이것은 근동 농경민족들의 연애 시 속에 있던 것을 남신(男神) 여신(女神)의 결합으로 판단하여 비를 내리고 풍작을 이루는 장면으로 묘사하였다.

"나의 사랑하는 그대 온갖 꽃과 향기로운 약초들이 심어진 밭처럼 신부와 네 입술에서는 꿀방울이 떨어지고 네 혀 밑에서는 꿀 젖이 흐른다."

〈이집트 연애 시 : 이가 4 : 11〉

예언자란 신의 뜻을 읽고 신을 대신하여 백성들에게 알리는 계시자다. 대개 이들은 영감·꿈·환상으로 알려준다.
　메소포타미아·이집트·그리스 등에서는 신탁자라는 방법으로 종말을 알리는 예시가 판을 쳤다. 특히 이것은 조로아스터교의 묵시문학이 영향을 준 바 크다.

　옛사람들은 점·꿈·환상을 통해서 미래를 점쳤지만 고대에서는 천문학·5행학을 통해서 인간의 운명과 세계의 길흉을 점쳤다. 그러나 유대민족은 막대와 조약돌 두 개로 점을 쳤다. 이집트 사람들은 타누라(선회운동) 춤으로 황홀경에 빠져 점을 치기도 하고, 페르시아에서는 하쉬쉬(마약)을 먹고, 아메리카 인디안들은 독한 담배연기를 마시고 무아경에 들어가 개시하기도 하였다.
　전래로 유대교에는 12만 명이 넘는 선지자가 있었고, 숫자가 많은 만큼 큰 파벌도 생겨 싸움을 하기도 하였다. 그래서 발달한 것이 과거의 역사와 현재의 상황을 종합하여 마치 주식을 판단하는 것같이 점치는 기술이 발달하기도 하였다. 하여간 지금까지 예언서는 마치는 것 보다는 못 마치는 것이 많았지만 인간은 늘 속으면서 사는 물건이라 또 한 번 기대를 걸면서 길흉화복과 흥망성쇠를 기다리고 있다. 지금 이슬람교도들은 지하드의 활동을 통해 끝없는 성전(聖戰)을 코치하고 있으며, 알카에다 역시 비슷한 사고방식을 가지고 죽이고 죽어야 천당에 간다고 하면서 자살폭탄을 터뜨리고 있다.

밀린다왕과 나선비구

　밀린다(메난도로스) 왕은 서기 전 160~140년경 서북인도지역을 통치한 그리스 왕으로 미란타(彌蘭陀)·미린다(旻隣他)·미란(尾蘭)·무륜다(無崙茶) 등으로 음사하고 사랑의 왕(慈王)이라 번역한다.
　밀린다 왕은 서북 샤갈라를 도읍으로 하여 아프가니스탄에서 중 인도까지 지배하였는데, 학예에 통달하여 문학과 철학 사상을 가지고 있는 동시에 종교문제에도 깊은 관심을 가지고 있었다.
　"인도에 불교가 유명하다는 말을 들었다. 이름난 스님을 한 분 모시고 오너라."
　데미만티 장관이 아유바라라 승려를 소개하고 말했다.
　"토론하고 싶으면 스님이 계신 절로 모시고 오라 합니다."
　하니 밀린다 왕은 쾌히 승낙하고 가서 만나자 마자 플라톤식 논리로 물었다.
　"불교는 무엇하는 종교입니까?"
　"생사를 해탈하는 종교입니다."
　"그렇다면 출가해야만 해탈할 수 있습니까?"

"그렇지 않습니다. 누구나 깨달으면 해탈할 수 있습니다."
"그렇다면 왜 스님은 부모를 버리고 출가하여 있습니까?"
이에 답변을 하지 못하자,
"인도라는 나라는 숙맥의 나라로구나. 누가 또 나를 대적할 자가 있느냐. 만약 있으면 소개하라."
그리하여 다시 장관이 말했다.
"일찍이 중인도 출신으로 누파(樓波 ; Rupana)스님과 안파알(鴳波曰) 대사에게 교육을 받은 나가세나(龍尊) 스님이 사갈라성에 머물고 계신다 합니다."
"그렇다면 그에게 다시 한 번 가서 망신을 주도록 하자."
"만약 임금님께서 지면 어떻게 하시려고요."
"내가 그의 제자가 되지!"

그리하여 500여 명의 장졸들과 함께 수레를 타고 달려가 만나자마자 물었다.
"스님은 어떻게 하여 이 세상에 알려졌습니까?"
"우리 아버지께서 내가 태어난 날 나가(코끼리)가 태어났다고 하여 니가세나라고 이름 지어 불렀지만 실로 나는 그 이름 속에 들어 있지 않습니다."
"거 참 이상한 일입니다. 이름 속에 사람이 들어있지 않다니요. 그러면 눈·귀·코·혀·몸·뜻이 나가세나입니까. 아니면 빛·소리·냄새·맛·감촉이 나가세나입니까?"
"아닙니다. 임금님. 임금님께서는 이 수레를 타고 여기 오셨는데, 바퀴 굴대가 수레입니까? 좌대 목재가 수레입니까?"
"그 모든 것을 합한 것이 수레입니다."
"그렇습니다. 나도 지·수·화·풍 4대로 구성된 이 몸, 색

·성·향·미·촉·법을 가리는 생각이 들어 있어 그것을 일러 나선이다 용군이다 부르나 그것은 4대 5온의 작용이지 진짜 나는 그 이름 속에 들어있지 않습니다."

"아, 참으로 기묘한 질문에 기묘한 답변입니다. 실로 이 세상 모든 것은 이름과 모양 속에 들어있는 것이 아닙니다. 그런데 한 가지 더 묻겠습니다."

"무엇이고 물으십시오."

"듣건대 불교에는 극락세계가 있다고 하는데 극악무도한 사람도 극락세계에 갈 수 있습니까?"

"그렇습니다. 작은 돌멩이도 물에 던지면 그대로 가라앉지만 큰 돌도 배에 실으면 건너갈 수 있는 것과 같습니다."

"부처님은 오직 한 분뿐인데, 기도드리는 사람은 많아 부처님이 어느 곳으로 가실까요."

"천강에 물 있으면 천강에 달이 뜨고, 만리에 구름 없으면 만리가 하늘입니다."

"참으로 신기한 비유입니다. 저는 이제 스님의 답변에 항복하고 제자가 되겠습니다."

그리하여 먼저는 재가 신도가 되었다가 말년에는 출가수행자가 되었다고 한다.

나가세나 경은 연기·무아·업보·윤회 등 불교의 기본교리에 대하여 주로 서술하고 있다. 먼저 서문에서는 나선비구와 밀린다 왕의 전생담이 나오고, 두 사람이 만나 논란하게 된 정황이 나온다. 본문에는 밀린다 왕이 불교의 교리에 대해서 문답한 교리를 주로 쓰고, 결론에서는 왕이 나선비구를 공손이 전송한 것과 장차 출가할 뜻을 나타내 보이고 나선비구의 감격이 기록되어 있다.

 문장은 간결 유려하고 열반·부생(浮生)·선사(善事) 등 150가지 이상의 불교교의를 해설하고 있다. 고려장경에는 2권 본을 싣고, 송·원·명 장경에서는 3권 본이 수록되어 있다. 팔리어 본은 스리랑카 본 PPS(Trenckner) 샴본 등 3본이 있는데, 영국학자 리스데이비스가 팔리어 본을 가지고 7편(世俗故事·法相質疑·斷惑質疑·矛盾質疑·功德質疑·比喩說質疑) 등 22장 236가지를 번역하고 있으니 이 책이야말로 동서문화를 비교할 수 있는 세계적인 불교학개론이라 할 수 있다.

 당시 많은 그리스인들은 샤갈라로 이주하여 대도시를 건설하고 크게 번성하게 살았다 하는데, 현재도 시알코트에 도시의 유적지가 남아있다.
 현장에 가서 보니 바라문교의 사원은 그리스의 신전도 불교의 사원도 한 동네 어우러져 서로 장애 없이 살았던 자취가 그대로 남아있었다. 진짜로 이상적인 도시국가요 세계 시민의 요람이었다.

대승불교의 발제자 세우스님과 마명보살

세우(世友) 스님은 북인도 간다라국 출신으로 인도말로는 바수미트라라고 부른다. 법구(法救)·묘음(妙音)·각천(覺天)과 함께 4대 논사의 한 분으로 이부종륜론을 지으신 분이다.

이부종륜론(二部宗輪論)은 부파불교 20부파가 어떻게 생겼는가를 상세히 기록하고 교리의 요지를 기록한 책인데 카니슈카 왕이 제4 결집 시 세우를 모시고자 하니

"그는 아직 아라한을 증득하지 못한 분입니다."

하고 반대하자,

"나는 아라한을 침 가래와 같이 생각한다. 오직 불과(佛果)를 증득하여 장차 미륵존 불의 후보자가 되고자 한다."

하여 그를 상수로 모시고 제4회 결집을 하게 되었다.

이로써 보면 그는 부파불교에서 추존하는 최상과(最上果)인 아라한을 만족하게 여기지 않고 대승보살도에 의해서 불과를 증득하기 희망하고 있던 분의 한 분이었음을 알 수 있다.

이와 같은 사상은 일시에 일어난 것이 아니라 앞의 대천의 5사에서도 말한 바와 같이 출가 중심 불교인 상좌·대중부

사상에 만족하지 않고 보다 현실적 대승불교 사상을 지향하는 사람들이 많이 있었던 것을 알 수 있다. 부파불교는 현실부정적인 수행불교로서 자기 이외의 모든 것을 외면하고 있었기 때문이다.

실로 부파불교는 먹는 것과 돈 때문에 분열이 생겼고, 또 이상적인 증과(證果)를 아라한으로 한계를 짓고 있었기 때문이다. 아라한도 경험이 없이는 붉은 소금이 어찌하여 나는지 알지 못했고, 세속적인 번뇌를 완전히 벗어나지 못했기 때문에 이런 일(性的問題)이 일어나게 된 것이다. 아무리 도를 통했다 하더라도 운전을 배우지 않고 자동차 운전을 할 수 있겠는가. 이치적인 면에서는 깨달음을 얻었다 하더라도 사실적인 면에서는 불가능한 일이 있었기 때문에 대승불교를 지향하는 사람들은 부파불교를 소승불교라 폄칭하면서 근본불교에 들어가고자 몸부림치고 있었던 것이다. 부처님은 일체지를 얻어 32상 80종호로 복과 지혜를 겸한 분이었기 때문이다.

그래서 마명보살은 부처님의 행을 칭찬(佛所行讚)하고 깊은 믿음에 의한 깨달음을 실천하는 대승기신론(大乘起信論) 같은 글을 써서 대승불교를 이끌어 나갔던 분이다.

그래서 대승불교에서는 대승사상의 기본서적으로 불소행찬과 대승기신론을 매우 중요시 한다. 무엇을 믿고 어떻게 살 것인가 하는 문제를 놓고 막연히 아라한이 되어 생사를 해탈해야 한다고만 할 것이 아니라 생사를 해탈한(깨달은) 뒤에는 어떻게 살 것인가 하는 문제가 더욱 중요한 것이기 때문이다. 그런데 마명대사는 부처님을 믿음의 표상으로 내세우면서도 그 부처님이 원만한 상호를 갖춘 색신(色身) 뿐 아니라 그 색신을 만들어낸 법신(法身) 부처님을 확실하게 내세웠던 것이다. 그리고 부처님께서 6년 고행 후 45년간 포교하신 것은 이 세상과 중생의 고통을 위하여 헌신하였다고 생각하였다.

부파불교에서는 업(業)이 이 세상 윤회의 주체가 된다 하고, 식(識)이 만법의 주인이 된다 하였지만, 구체적으로 그 업식의 진망양계(眞妄兩界)를 가려내지는 못했던 것이다.
말하자면 업과 식을 만들어내는 마음이 진짜냐 가짜냐 하였을 때 진짜라면 구태여 도를 닦을 필요가 없고, 가짜라면 마치 화장실에 깨끗한 음식을 던지는 것과 같게 될 것이니, 이같이 흑백양론에 빠져 있던 부파불교의 사상을 원래 우리 마음은 참되고 한결같아 거짓된 것이 아닌데 인연 따라 세상에 나타나다보니 더럽고 깨끗한 것이 생기게 된 것이다. 그러므로 본래의 참 마음은 절대로 변치 않는다고 본 것이 바로 마명대사의 진여연기론(眞如緣起論)인 것이다.
말하자면 부파불교에서 이 세상 모든 것은 업력소생(業力所生)이라 하여 업감연기론(業感緣起論)을 주장하였는데, 세친보살은 삼계유심(三界唯心) 만법유식(萬法唯識)을 설명하여 이 세상 모든 것이 마음과 생각 하나에 달렸다고 설명하였으나, 그 마음이 깨끗한지 더러운지에 대해서는 분명히 설명하지 못했으므로 진여연기론(眞如緣起論)을 주장한 것이다.

사실 세상 사람들이 살아가는 것을 보면 몸과 입과 뜻으로 지은 업을 가지고 선한 일 한 사람은 인간이나 천상 아수라로 태어나고, 악한 일을 한 사람은 지옥·아귀·축생에 태어나지만, 만일 육체가 죽고 난다면 그 업이 어느 곳에 가서 붙어 있는가에 대해서는 확실한 답변이 없었던 것이다.

그런데 세친보살은 마음은 본래 하나지만 그 작용을 따라
① 눈으로 색을 보는 마음,
② 귀로 소리를 듣는 마음,
③ 코로 냄새를 맡는 마음,
④ 입으로 맛보는 마음,
⑤ 몸으로 부딪치는 마음이 있는데, 거기서 빛·소리·냄새·맛·감촉을 통해 좋고 나쁘고 예쁘고 밉고 사랑하고 싫어했던 마음이
⑥ 제6 의식 속에 쌓여 있다가 사람이 죽고 나면
⑦ 제8 아뢰야식 속에 잠재되어 종자 훈습을 거듭하다가 인연 있는 것이 나타나면
⑧ 제7 마나식을 통해 이 세상에 튀어나와 지옥·아귀·축생 등 6도 세계를 만들어낸다는 것이다.

그러므로 문제는 보는 놈과 보여지는 놈, 너, 나와 내 것과 네 것이 문제인 것인데, 그것이 본래 인연 따라 나므로 바람이 불면 파도가 생기고, 구름이 일면 비가 오듯이 시간과 공간 속에 만났다 헤어졌다가 하기를 무시무종(無始無終)으로 하고 있는데, 그 도리를 잘 몰라 무명 속에서 어리석은 생각을 가진 것이 병이었으므로 전식성지(轉識成智)하여 제7식이 평등성지(平等性智)를 이루면 제8식이 대원경지(大圓鏡智)를 이루어 그 속에 들어있는 씨앗들을 보고 이 세상에 무엇이 필요한가를 제6식이 관찰(妙觀察智)하여 하고 싶은 바대로 해주면(成所作智), 이 세상이 그대로 불국정토를 형성하게 된다는 것이다.

그런데 그 눈에도 보이지 않는 미세한 마음속에서 어떻게 그 마음이 일어나 세계와 인간 삼라만상(森羅萬象)이 벌어져 있는가를 생각해보면 참으로 신비하기 그지없다.

그러나 너무 세밀한 것은 현미경으로 보아도 잘 보이지 않듯이 우리 마음속에서 일어나는 생각은 부처님이나 보살들도 잘 알 수 없기 때문에

① 무명업상(無明業相)이 일어나
② 능견상(能見相)까지 일으킨 것은 부처님의 경계이고,
③ 경계가 분명히 나타나는 것을 보면(境界相) 보살의 경계가 된다 하였다. 그런데 거기서부터
④ 주객의 마음이 나타나는 지상(智相)
⑤ 사랑하고 미워하는 마음이 상속하여(相續相)
⑥ 그 이름과 모양에 집착하면(執取相)
⑦ 거기에 온갖 이름과 사상을 붙여(計名字相)
⑧ 갖가지 사업을 일으켜(起業相)
⑨ 온갖 일들에 얽매이게 되어 있으므로 이것을 통쳐서 삼세육추(三細六麤)라 한다.

마명보살은 이렇게 한 생각 무명이 3세 6추를 거쳐 내려오는 세상을 유전문(流轉門)이라 하고, 다시 고통을 깨닫고 본래의 마음에 돌아가는 것을 환멸문(還滅門)이라 하였다.

환멸문은 3세 6추를 통해 타락한 중생이 부처님의 가르침을 믿고 발심하여 그동안 잘못 생각하여 왔던 아집과 법집을 버리고 참되고 한결 같은 마음을 의지하여 6도 만행을 닦아 깨달으면 불각(不覺)이 각(覺)을 이루어 본래 부처의 자리에 들어가게 된다는 것이다.

하지만 그 본래의 마음에게 물어보면 바람만 그치면 언제나 푸른바다, 파도와 물결이 없어 오직 한 가지 물뿐이기 때문에 본마음에는 "생멸이 없다"고 하는 것이다.

그런데 여기서 한 가지 생각해 볼 문제는 부처도 중생도 모두가 그 한 마음속에서 나타났다면 깨달은 중생(佛) 깨달을 중생(菩薩)의 차이는 있어도 그 본바탕으로 보아서는 하등의 차이가 없으므로 과거에 이런 도리를 깨달은 사람이 있으면 과거불이 되고, 장차 깨닫는 사람이 나타난다면 미래불이 되는 것이며, 동·서·남·북, 4유·상·하 시방세계에 나타나면 동·서·남·북, 4유·상·하 시방불이 되는 것이다.

그러므로 과거에도 무수한 불·보살이 있었고, 현재에도 무수한 불·보살이 있으며, 장차에도 무수한 불·보살이 날 것이요, 시방세계도 모두 마찬가지다 하여 3세시방불이 생기게 된 동기를 밝혔다.

그래서 지금까지 근본불교나 부파불교에서는 구체적으로 설명하지 않던 많은 불·보살이 나타나 장차 공부인의 뿐이 되고, 포교하는 사람들의 길잡이가 된 것이니, 방등·반야·법화·열반·화엄경 등에 나타난 불·보살과 그들이 살아가고 있는 세계는 대강 들어보면 다음과 같다.

방등경(方等經)과 다불신앙(多佛信仰)

헬레니즘문화의 탄생으로 동서문화가 하나 되자 남·서·북방, 4유 상하가 한통속에 들어왔으며, 과거·현재·미래가 손바닥 위의 구슬처럼 나타났다.

어떤 것만이 옳고 어떤 것만이 그른 것이 아니라, 사람이 살아가는 데는 여러 가지 방법이 있고 습속이 있으며, 종교·예술·문화가 있다는 것을 새삼스럽게 깨닫게 되었다. 여기서 싹튼 것이 자리이타(自利利他) 각행원만(覺行圓滿)의 보살사상이었다.

대부분의 서양사상은 이스라엘의 선민사상(選民思想)을 중심으로 자기 것은 옳고 남의 것은 그르다 하는 것을 적극적으로 주장하면서 남을 죽이고 나만 사는 것을 기본으로 삼았는데, 오리엔탈문화를 보니 죽일 것도 살리고 빼앗을 것도 주고, 바람피울 것도 청정하게, 거짓된 것을 진실하게, 그리고 술과 마약을 하더라도 정신이 마비될 정도로 하는 것이 아니라 정도(正道)를 벗어나지 않는 것이 옳은 것이란 것을 깨달았다.

"선남자야, 네 가지 법을 성취하여 내가 남에게 베푸나니
첫째는 온갖 곳에서 걸림이 없고,
둘째는 분별하지 않으며,
셋째는 깨끗하게 하고,
넷째는 허공과 같이 하는 것이다.
베푸는 것이 깨끗하므로 서원도 깨끗해지고, 서원이 깨끗하므로 깨달음도 깨끗하고, 깨달음이 깨끗하므로 온갖 법이 다 깨끗해지기 때문이다."

〈방등경 허공장보살품〉

허공이 언제 상하 전후를 가리는 것 보았는가. 시작도 없고 끝도 없고 언제나 비어 있으되 일체 모든 것 속에 다 갈무리해져 있는 것같이 사람의 마음은 모두 평등하여 절대적 위치에 있다고 보았다. 단지 서양 사람들은 임금님이나 관리 부귀한 사람을 하나님에게 특별한 선택을 받은 자라 생각하는데, 오리엔탈 사람들은 전생에 복을 짓고 덕을 닦은 과보라고 생각하였다.

그래서 석가모니 부처님 같은 이는 과거 무수겁(無數劫)을 닦아 그 공덕이 무루 익어진 결과로 성불하였다 생각하였고, 이렇게 성불한 부처님은 과거에도 무수히 있었는데, 가까운 시대 말을 들어보면 과거에는 일곱 부처님이 있었다고 말했다.

① 비바시불
② 시기불
③ 비사부불
④ 구류손불

⑤ 구나함모니불
⑥ 가섭불
⑦ 석가모니불

또 미래에는 미륵불이 탄생한다고 믿고 있었다. 그래서 과거천불·현재천불·미래천불이 있고, 삼천불조(三千佛祖) 53불까지 생기게 되었다.

또 동방에는 열두 가지 서원을 가진 약사부처님이 계시고,
서방에는 마흔여덟 가지 서원을 세운 아미타불이 극락세계를 장엄하여 계시고,
북방에는 부동존불,
남방에는 환희부처님,
중앙에는 비로자나부처님이 계신다고 하여 시방불신앙이 싹트기 시작하였다.

어느 때 바이살리 성에서 전염병이 돌아 모두 다 죽게 되었는데, 석가모니 부처님이 서방삼성 아미타불과 관음 세지게 부탁하여 전염병을 소멸하여 청정국토를 이룩한 일이 있고, 또 아사세왕의 반역으로 죽은 빔비사라 왕은 위제희 부인의 원력을 따라 서방정토 극락세계에 가서 나 있다고 믿는 사람도 생겼다.

그리고 직접 그곳에 가려면 착한 마음으로 선행을 닦으며, 일관(日觀)·월관(月觀)·보수관(寶水觀) 등 16관을 닦으면 태어날 수 있다 하고, 나중에는 누구나 다 부처님 성품을 가지고 있기 때문에 풀 나무도 성불하고 흙도 성불한다는 초목성불론(草木成佛論) 토목성불론(土木成佛論)까지 생기게 되었다.

어떻든 헬레니즘문화는 장차 이 세계를 세계일화(世界一花) 만민동체(萬民同體)로 이끌어 나갈 수 있는 화쟁사상(和諍思想)의 원천이 되기도 하였다.

이제 대예참회에 나오는 부처님들의 명호를 들어보면 대승불교사상에 얼마나 많은 부처님들이 나오고 있는가를 알 수 있다.

"항상 법계 진언궁중 반야해회에 살아 계시는 암밤남 함캄 대교주 청정법신 비로자나불, 아바라하카 법계주 원만보신 노사나불, 아라바자나 사바일대교주 천백억화신 석가모니불, 몸의 광명이 널리 법계에 두루 비치는 과거 제1 비바시불, 제2 시기불, 제3 비사부불, 제4 구류손불, 제5 구나함모니불, 제6 가섭불, 제7 석가모니불, 동방만월세계 약사유리광불, 서방극락세계 48대원 아미타불, 남방환희세계 보승장여래불, 북방무우세계 부동존여래불, 중방 화장세계 십신비로자나불, 당래화생 미륵존불, 2만억 일월등명불, 위음왕불, 2천억 운자재등왕불, 약왕대성사 2만일월정명덕불, 16대성사 대통지승여래불, 천광왕정주여래불, 아미타불본소사 세자재왕여래불, 참죄업장 12존불, 지장원찬 23존제위여래불, 능멸천재 성취만덕 금륜보계 치성광여래불, 찬탄미타시방제불, 가사당세계 3품회상 일체제불, 화엄경중 8천제불, 원제고혼 초생극락다보불, 서멸중죄 35불, 3천불조 53불, 미타참중 1천5백존불, 불명경중 8천제불, 동방해탈등 5천5백존불, 과거장엄겁천불, 현재현겁천불, 미래성수겁천불…"

그런데 이러한 모든 부처님들은 항상 그 몸이 법계에 충만하여 널리 일체중생들 앞에 나타나 계신데, 인연 따라 나아가서 항상 깨달음을 얻게 해주시며 삼세여래가 꼭 같이 넓고 큰 원을 세워 바다와 같은 깨달음을 얻어 가히 헤아릴 수 없는 부처님들이라 하였고, "대자대비를 체로 삼아 일체중생을 구호하시되 병든 이에게는 좋은 약이 되어 주시고, 길 잃은 이에게는 바른 길을 보여주시고, 어두운 곳에서는 광명이 되어주시고, 가난한 자에게는 복전이 되어주신다" 하였다.

3세 시방에 이렇게 계시는 부처님뿐만 아니라 부처님 탑에 대해서도 끝없는 신앙을 일으켰으니 "복성동방사라림중에 있는 인과교철장엄보탑과 일체여래 불입열반선도성중 전단보탑, 영산법회 증청묘법 다보여래 전신보탑, 석가여래 정골치아 보부인천 자비보탑, 허공광야 적요허공 미묘무상 일체제불 시현보탑, 일체중생 기견보살 8만4천 청정보탑, 8곡4두 5색 사리 아육왕수 천진보탑, 보탑높이 5천 유순 천상인간 장엄보탑 등 헤아릴 수 없는 보탑들"을 들먹이며 예배하며 공양하였다.

왜냐하면 사바세계 4천하 남염부제 7처 9회 주변시방 같고 다른 티끌 같은 화장세계와 화장세계 밖에 있는 갓 없는 무량무수 불가량 불가칭 불가설 진법계 허공계 시방삼세에 중중무진한 부처님이 계신데, 모두가 자각각타 각행원만의 3각원을 이루고, 만 가지 덕을 갖추어 천인의 조어사가 되어 있고, 범성의 어진 아버지로 3세 시방에 근기 따라 나타나서 갖가지 방편으로 중생들을 깨우쳐 주고 있기 때문이다 하였다.

이로써 보면 석가 1불의 인간상이 법·보·화 3신불로 변하고, 3세 시방불로 화(化)하여 모두가 열 가지 걸림 없는 몸과 네 가지 지혜로써 중생들을 접인하여 이롭게 하고 있는 만능의 부처님이 되고, 또 천안통·천이통·타심통·숙명통 등 5신통을 구족하고 여래·응공·정변지 등 10호를 구족하여 자재·치성·단엄하고 명칭·길상·존귀하신 부처님으로 받들어 모셔졌기 때문이다.

말하자면 카필라 국 석가일불의 부처가 법·보·화 3신에 천백억화신을 나투어 복과 지혜를 겸전함으로써 이 세상 어떤 신과 어떤 물도 이에 따라올 수 없는 위대한 인격자 법신불로 승화되었으니 이것이 앞의 근본·부파불교에서는 생각할 수 없는 부처님이 되고 위대한 인격자가 된 것이다.

불교의 목적은 첫째는 인격완성이요, 둘째는 정토현현이다. 살기 좋은 국토에 원만한 인격자가 형성되어 있으면 그곳이 곧 천당이요, 극락이기 때문에 한 발짝 옮기지 않고도 삼세시방 제불을 만나 파수공행(把手共行)하게 되는 것이니 이보다 더 귀하고 더 높은 것이 어디 있겠는가.

그러나 일신교 창조신을 믿는 사람들은 사람이 어찌 신이 될 수 있느냐 말하지만 대승의 논사들은 신도 마음을 가지고 있고, 불도 마음을 가지고 있으므로 그 마음만 깨달으면 신(神)도 되고 인(人)도 되고 불(佛)도 될 수 있다 말하는 것이다.

카니슈카 왕의 불교사업

한편 인도에서는 아쇼카 시대가 지나고 카니슈카 왕 시대가 도래하였다. 카니슈카 왕은 귀상(貴霜) 왕조의 제3대로써 서력 2세기 초에 중인도로 진군하여 화씨성을 공략하고 안식국(安息國)과 당시 후한(後漢) 영토였던 소륵(疏勒)·사거(莎車) 등지를 정벌하고 서울을 간다국의 포루사보라성(布樓沙補羅城)에 정하고 카니슈카 성을 카슈미르국(迦濕彌羅國)에 건설하였다. 그리고 왕은 선정을 베풀었다.

왕은 어렸을 때 곤륜산맥 밑에 있는 호탄왕국에 인질로 보내져 그 나라의 비자냐 왕의 사랑과 키르티와 왕자의 우정 속에서 살았다. 호탄에는 유른 카슈다리아강(白玉江)과 카라카슈다리아강(黑玉江)이 있어 기후가 온화하고 곡식과 과일이 풍부하며 면직물 또한 넉넉하여 국민들의 생활이 매우 부유하였다. 중국 사람들은 이곳을 우전국(于闐國)이라 불렀는데, 일찍부터 불교를 독신하여 6재일을 지켰다. 호수(戶數)가 8만2천이나 되고, 인구가 8만, 병력이 3만이나 되어 BC.70년대에는 이웃나라 사거(沙車)의 지배를 받다가 반초(班超)의 도호부가 되어 한나라에 소속되기도 하였다. 4월1일부터 14일 동안 부

80 중앙아시아 불교

처님 오신 날을 기념하여 9대가 넘는 부처님을 수레에 싣고 행상(行像)을 하는데 왕은 맨발로 나와 부처님을 맞았고 왕비들도 성벽에서 꽃을 뿌리고, 주민들은 각기 마을 앞에 있는 탑 위에 꽃을 장식하여 온 성내가 꽃 장식으로 가득찼다.

그 때 카니슈카 왕자가 임금님 뒤를 따라 가는 것을 보고 시르마나 공주가 반하여 흑옥강 옆 우두산 서쪽에서 결혼식을 올려 온주민의 축하를 받은 일이 있다.

그 뒤 카니슈카 왕자는 타클라칸 사막에서 흐르는 물길이 자주 변동이 생겨 주민들이 물난리를 겪는 때가 많으므로 그 나라 태자(처남)와 함께 곤륜산에 올라가 물길을 잡자하니 여러 대신들이 4000m 이상의 얼음덩이가 떨어질 때는 주위에 구멍이 뚫려 사람들을 움직일 수 없으니 아니 된다고 하여 유륜키사다리아 서쪽 평야에 큰 호수를 만들어 주민들의 물걱정을 없게 하여 주었는데, 그 호수가 달이 뜨면 너무도 아름다워 그 호수를 월광호(月光湖)라 부르고, 그 옆에 월광사를 짓고 법화경을 들은 일이 있다.

그래서 시즈마나와의 결혼생활은 더욱 행복해졌는데, 공주의 몸이 약해 아기를 낳고 출혈이 심하여 결국에는 숨을 거두고 말았다. 그 후 쿠샨 왕이 죽었다는 소식을 듣고 카니슈카는 호탄을 떠나면서 아들 바시시카를 유모에게 맡겼다.

아버지 쿠샨 왕이 돌아가신 뒤 왕자는 카니슈카의 행적을 보고 왕위를 계승케 하고자 하였으나 이복형제들이 이으려 분쟁하므로 지방 태수들이 말을 듣지 않았다. 이에 호탄 왕께서는 승려들과 상인들을 통하여 이 소식을 듣고 키르티 왕자와 병사 1만 명을 딸려서 카니슈카를 쿠샨 국에 보냈다. 카니슈카 왕자는 캐시미르와 간다라에 병력을 보내는 한편 마트라를 거점으로 인도 태수들의 동정을 살핀 다음 우호적인 태수들에게는 충성을 맹세하고, 반대하는 태수들을 정복하였다. 그리고 쿠샨 국에 갈 때는 1만 명의 군사를 10개조로 나누어 점령하였다. 원래 쿠샨 국은 배화교(拜火敎)를 믿어 불교를 배척하였으나 배화교는 지옥의 관념이 너무 심해 사람들이 부담감을 많이 가지고 있었다. 그런데 카니슈카 왕이 관세음보살의 신앙을 퍼뜨려 지옥중생까지도 구제하는 정신을 심게 되니 주민들 마음이 일시에 불교로 돌아와 불교왕국이 되게 되었다.

큰 서원의 깊이가 바다와 같아서
헤아릴 수 없는 겁을 지내오면서
많은 천억 부처님을 섬겨
큰 청정한 원을 세웠느니라.

널리 신통력을 구족하고 지혜와 방편을 닦아
시방의 모든 국토에 몸을 나타내지 않는 곳이 없나니
갖가지 모든 악한 길의 지옥·아귀·축생과
나고·늙고·병들고·죽는 고통을 점차로 없애주느니라.
〈법화경 관세음보살품〉

왕이 이렇게 일찍이 서북인도를 평정하고 다시 코끼리부대·기마부대·전차부대·보병부대를 거느리고 동방 마가다국에 나아가서 중천축국의 맹주인 화씨(華氏)를 격파하고 마침내 배상금으로 9억 금을 요구하였는데, 화씨왕은 9억 금 대신 대불교학자인 마명보살(馬鳴菩薩)과 부처님의 발우(佛鉢)·자심계(慈心鷄)를 한 가지 물건에 3억 금씩 쳐서 배상하게 하니 카니슈카 왕은 환희하여 승낙하였다.

전기에 의하면 커니시카왕은 마명대사를 접하면서부터는 학문적으로 의식적으로 갖추어진 불교를 믿게 되어 그 신앙열은 고도에 달했다고 한다. 많은 절과 탑을 건립하고 수도인 포루사보라에는 40장(丈)이 넘는 탑을 세워 그 장엄한 것은 천하에 제일이었다고 한다.

또 매일같이 불교의 대덕들을 초청하여 공양하고 청법하였는데, 왕의 영토에는 각종의 민족을 포함하고 있었으므로 다양한 불교가 변천 발전하게 되었다.

특히 파르시바 존자의 말을 듣고 카니시카 왕은 여러 부파 간의 경론에 대한 이의(異議)를 통일하기 위하여 협존자(脇尊者)와 상의한 끝에 학식이 탁월한 스님 500명을 선출하여 제4회 결집을 카슈미르 국 원림사에서 결집하였다.

이 결집장에는 세우를 우두머리로 하여 협존자·묘음·법구·각천 등 유명한 아라한들이 모였는데, 먼저 경장의 주석서인 우바제사 10만송과 율장의 주석서인 비나야비바사 10만송, 논장의 주석서인 아비달마비바사 10만송을 합하여 30만송 660언을 조술, 그것을 동판에 새겨 돌함에 넣고 보탑속에 봉안하여 호위병을 두어 감히 이교도들의 출입을 금하도록 하였다.

"나는 전생에 많은 덕으로 임금이 되었소. 이생에도 무엇인가 유익한 일을 하다 죽고 싶었는데, 이러한 대작불사를 완성하게 되어 참으로 기쁘오."
하고
"나는 지금 저 불법을 펴는 것으로 생을 마감하겠소."
하였다.

이중에 경·율 2장의 주석서는 산실되고 다만 논장의 주석서인 아비다르마 대비바사론이 현장 역으로 현존한다. 그 내용은 6족론과 가다연니자의 발지론을 자세히 번역하여 유부(有部)의 소의경전이 되게 한 것이었다.

그래서 카슈미르가 근본 유부의 근거지가 된 것이다. 카니슈카 왕은 즉위 30년 동안 불교를 독신하다가 죽었는데 그 자손들이 이어가며 불교를 믿었으나 서기 2세기 말 바수대바시대 스키타이족 흘리다종 때문에 왕위를 빼앗겼다. 그러나 그 뒤 일어난 도화라 국의 설산하 왕이 일어나 흘리다종을 살해하고 불교를 재흥시켰다.

실로 스와트에는 수천 개의 불교사원이 명자 그대로 불국정토를 형성하고 있었다. 사원의 대부분이 산속에 지어져 공부하는 스님들이 세속일에 신경 쓰지 않게 하였고, 또 자주 일어나는 전쟁을 피하고 적의 동향을 살피기 위해 그렇게 지었다고 한다.

그런데 그 가운데서도 특히 중요시 하였던 것은 스님들이 주로 채식(菜食)하여 백성들의 기름진 평야를 잠식하지 않게 하기 위해서였다고 한다. 그리고 그들은 주로 숯을 써서 음식을 짓고 난방을 하였기 때문에 절들이 연기에 그을리지 않아 모두가 깨끗하였다.

우다야다는 오장국(烏仗國 ; 烏杖那)으로 부처님 당시 코살라국 프라세나지트 왕의 아들 비르다카가 석가족을 멸망시킬 때 네 사람의 석가족이 이 나라에 도망 와서 나라를 세웠다 한다. 그곳에서 들리는 이야기로는 한 명의 석가족(우타라세나)이 피곤하여 길가에 쉬고 있는데 기러기 한 마리가 날아와 그를 태우고 어느 우물가에 내려놓아 난타용왕의 딸과 결혼하여 용검을 얻고 오장나국 임금님이 되었다. 그러나 용녀는 잠자리만 하고 나면 아홉 개의 머리가 나와 흔들리자 우타라세나가 칼로 쳐 버리면 온 백성들과 함께 머리가 아파 견디지 못했다. 또 이를 시샘한 아바라 라는 용이 늘 석회 물을 뿜어내어 농작물을 망치게 했는데, 그때 부처님이 나타나 설법함으로써 머리 아픈 증세도 가셔 나라가 크게 흥왕하였다고 한다. 하루는 부처님께서 열반에 드신다는 말을 듣고 임금님이 친히 가서 부처님 사리를 코끼리 등에 모시고 왔는데, 코끼리는 지쳐 그 자리에서 죽었다. 그래서 코끼리가 죽은 자리 옆에 부처님 사리탑을 크게 세우니 그 탑 이름이 '싱가르타르 대탑'이다. 그 탑 옆에서 출토된 큰 바위에 우타라세나 임금님의 이름이 새겨져 있고, 에카크다 탑에 대한 열정적인 명문이 현재에도 남아있다.

"위로 아가니다천으로부터 밑으로 아비지옥에 이르기까지 9류중생의 이익과 행복을 위해서 이 탑을 세운다."

고 말이다. 탑에 대한 전설은 실로 많이 있다.

카니슈카왕도 전생에 불탑을 세우고 금생에 임금이 되었다고 하셨으니 말이다. 그래서 금생에도 탑만 보면 엎드려 절을 하였는데, 하루는 길가에 7보탑이 있는 것을 보고 절을 하자

탑이 저절로 무너졌다. 이상하게 생각하여 탑 밑을 파보니 그 것은 불탑이 아니고 쟈이나교의 스승 니건의 묘였다. 사람들 은 임금님의 위력으로 니건의 탑이 무너진 것을 보고 임금님 을 더욱 존중하고 공경하였다.

이것은 누구나 믿고 공경 하였지만 그 믿음 속에는 정사(正 邪)가 분명했다는 것을 설명하고 있다.

또 그의 이발사가 머리를 손볼 때마다 말했다.
"저희 아들은 매우 잘생겼고 영리합니다. 공주님을 아내로 맞이하게 해주십시오."

이 말에 화가 나서 그의 발밑을 내려다보니 발밑에서 이상 한 빛이 나는지라 파보니 많은 보물이 나왔다. 그래서 그 이 발사의 아들을 부마로 삼았다.

이는 왕이 천민의 아들을 사위로 삼았다는 것은 곧 4민평 등의 정치를 실현하였다는 것을 상징하고 있다.

왕은 늘 학문을 좋아하여 북인도에서는 다르마미트라를 존 경하여 섬기고 있었는데, 남인도에서 두 비구가 찾아와 다르 마미트라와 논쟁하기를 바랬다. 그래서 녹비구를 데리고 다르 마미트라가 있는 곳을 찾아가니 다르마미트라가 허름한 옷을 입고 동굴 청소를 하고 있었다.

"여기 큰 스님이 어디 계십니까?"
"저 위로 올라가 보세요."

올라가 보니 역시 밑에서 청소하던 분이 거기 와서 아궁이 에 불을 지피고 있었다.

"스님. 스님은 참으로 훌륭한 분인데 어찌하여 아궁이에 불을 지피고 있습니까?"

"깨달은 사람은 깨닫지 못한 사람들을 위해 봉사하는 것입니다. 나는 전생에 개가 되어 굶주려 돌아다니다가 주정뱅이가 토해 놓은 음식을 실컷 먹은 일이 있고, 한 늙은 할머니가 죽을 쑤다가 밖에 나간 틈을 타 실컷 먹은 일이 있는데, 그 때 그 할머니께서 나를 칼로 쳐 죽인 까닭에 지옥·아귀·축생을 전전하다가 이제 사람이 되어 그 은혜를 보답코자 밥을 짓고 있습니다. 카니슈카 왕이 큰 절을 하자 임금님께서 말했다.

"임금님. 임금님께서도 겉만 보지 말고 속을 보고 좋은 일 많이 하세요."

그 뒤 임금님은 천안을 얻어 전생 일을 알게 되었는데, 어느 탑 앞에서 500명의 거지들에게 잔치를 베풀고 깨달은 일을 상기하게 되었다.

"내 저들 굶주린 사람들을 위해서 공양을 베풀리라."

"임금님. 임금님께서는 권력에 있어서만 최고가 아니라 지혜에 있어서도 만백성의 귀감이 됩니다."

"그렇다. 저들은 전생에 왕이 되어 백성들의 고혈을 뺀 자들이고, 세상을 괴롭힌 자들이다."

이는 왕이 선인선과 악인악과의 인과를 확신하기도 하였지만, 윤회사상을 철저히 믿고 있었다는 것을 증명하고 있다.

그 뒤 얼마 있다가 흉포한 파르티아 왕을 정복하고 큰솥에 물을 끓인 뒤 금팔찌를 그 속에 던지며 "저것을 꺼내라" 하니 재상이 달려와 찬물을 가득 붓고 그것을 꺼내오자 칭찬하였다.

"이번 전쟁은 내가 힘이 있어서가 아니라 저 재상의 지혜 때문이다. 내가 수많은 사람이 죽을 때 지혜의 눈으로 살펴보니 모두가 한꺼번에 악도에 떨어졌는데 오직 두 사람만이 극락세계에 태어났으니 한 사람은 '나무아미타불'을 부르면서 죽은 사람이고, 한 사람은 겨우 '나무' 소리만 하고 죽은 자였다. 그래서 그 임금님은 더욱 계를 지키고 탑을 세우고 불상을 만드는 등 더 많은 일을 하게 되었다.

한편 남방 스리랑카에서는 아쇼카 왕의 아들 마힌다와 왕녀 상가미트라를 받아들여 전 왕실이 불교를 믿게 되고, 또 제1차 2차에 걸쳐 편집된 경론들을 12부의 원칙에 의하여 팔리어로 편집하니 지금 영국에서 번역된 영역 본 경전이 그것이다. 그러니까 부처님의 모든 경론은 북방 카슈미르에서 편집된 산스크리트(梵語) 경전과 스리랑카에서 편집된 팔리어(巴利語) 경전이 중심이다. 팔리어 경전은 4아함(장아함·중아함·잡아함·증일아함)이 중심이나, 산스크리트경전은 그 뒤로 계속 발전하여 방등·반야·법화·열반·화엄 등으로 크게 발전하여 대승불교의 소의경전이 되었다.

부처님의 후보자로서의 보살

이렇게 3세 시방 부처님과 법·보·화 3신이 나오다 보니 당연히 그들 부처님은 전생에 무슨 일을 하다가 이 세상에 태어나셨는가 하는 의심이 생기게 되었다.

그래서 여기서 두 가지 사상이 나타나게 되는데, 하나는 이미 성불해 계신 부처님이 새 부처님을 받들기 위해 보살로 화현하여 나온다는 권현보살(權現菩薩) 사상과, 둘째는 중생으로부터 시작하여 10신·10주·10행·10향·10지의 계위를 올라 등각 묘각에 이르는 수행보살(修行菩薩) 사상이 그것이다.

말하자면 석가여래가 발심하여 3아승지겁을 보시·지계·인욕·정진 등 10바라밀을 닦아 온 것은 전생의 보살행이고, 금생에 출가하여 6년 고행하신 것은 금생의 보살이며, 보리수 밑에서 대각을 이루신 것은 곧 새로운 부처님의 탄생이 되는 것이다.

이렇게 석가여래가 부처가 되다 보니 전생의 연등부처님이 "내가 수기를 주었던 석가세존이 이 세상에서 성불하였는데, 그냥 있을 수 있느냐. 내가 나가서 협시보살이 되어야 하겠다" 하고 나타난 것은 좌보처 제화갈라(提和竭羅) 보살이 되고, "그가 전생에 법화경 공부할 때 내가 도와주었는데 그가 성불하여 중생을 교화한다고 하니 나도 가서 우보처가 되어 그의 하는 일을 도와야하겠다"고 나선 분이 우보처 미륵보살(彌勒菩薩)이다.

대예참회에는 이러한 불・보살들이 수없이 나오는데 대강만 들어보면 다음과 같다.

"진묵겁전에 정각을 이루고 항하사 세계에서 뭇 중생들을 교화하고 계신 옛날에는 용존상 부처님이었는데 금생에는 법왕의 아들이 되어 시방법계 티끌 같은 세계에 다니면서 중생들의 어려운 일들을 해결해주고 막힌 곳을 뚫어주는 5봉성주 7불조사[1] 대성문수사리보살・대행보현보살・각수보살・재수보살・보수보살・덕수보살・목수보살・정진수보살・법수보살・지수보살・현수보살・10불세계 극미진수 동명동호 법해보살, 시방불찰 극미진수 동명동호 금강장보살, 백억불찰 보현보살, 화엄경중 제대보살"이 있고, 또 "해안고절처 보타낙가산에서 항상 정법을 밝히고 있는 관자재보살, 단엄한 색상으로 대희대사로 중생들을 구제하는 대세지보살, 지옥중생을 건지기 전에는 기필코 성불하지 않겠다 하신 지장보살, 죽은 영혼들을 모조리 길을 인도하여 좋은 곳으로 안내하겠다 하신 대성인로왕보살, 능히 미세한 혹결과 무명을 끊게 해주겠다 맹

---

[1] 5봉은 동・서・남・북・중앙의 다섯 산봉우리를 말하고, 7불은 석가 이전에 나타났던 ① 비바시불 ② 시기불 ③ 비사부불 ④ 구류손불 ⑤ 구나함모니불 ⑥ 가섭불 ⑦ 석가모니불. 여기서 5방예법과 과거 3존 현존 4위하여 한국 사람들이 조상 제사를 지낼 때 방안 제사는 4대까지 지내고, 산에 가서는 3대까지만 지내는 풍습이 생겼다.

세하신 금강장보살, 모든 중생들의 업장과 중죄를 녹여 장애를 없애주겠다 하신 대자제장애보살, 이 세상 끝날 때까지 10선의 사랑으로 중생을 제도하겠다고 서원하신 자비미륵보살, 널리 법륜을 굴려 윤회를 끊어주시는 제화가라보살, 신통장엄으로 부처님의 어머니가 되셨던 준제보살, 항상 금강반야로서 법왕법을 연설하는 대혜법기보살, 이 몸이 부셔지도록 항상 법을 구하고 다녔던 살타파륜보살, 연수왕보살, 장수왕보살, 그의 권속 1만2천 보살, 상계교주 천장보살, 음부교주 지지보살, 유명교주 지장보살, 수많은 중생을 살려 이익을 주기 위해 어두운 곳에서 빛을 발했던 일광변조소제보살, 밤낮없이 하늘을 밝혀 어두운 세계를 없애주신 월광변조식제보살, 약왕보살, 약상보살, 찬탄공양 9백만 보살, 무진의보살, 해탈월보살, 청량산 1만 보살, 보리고광 일체청정 대해중보살 등" 무진한 보살들이 나온다. 모두 이들은 위로 불도를 구하면서 밑으로 중생을 구제하는 대선지식들로 부처님의 행을 대신하시는 분들이다.

그래서 옛 사람들이 찬탄하시기를,

구위오탁안변주(俱爲五濁岸邊舟)
진작삼도혼처월(盡作三途昏處月)
능위묘수집연화(能爲妙手執蓮華)
접인중생향락방(接引衆生向樂邦)

이라 하였다.

모두가 다 5탁 악세에 배가 되고

어두운 3도의 해와 달이 되어
손에 연꽃(인과 인연의 법칙)을 들고
중생을 접인하여 즐거운 곳으로 향하게 하신다.

모두 이들은 이미 깨달아 있으면서도
① 믿는 마음(信心)
② 생각하는 마음(念心)
③ 노력하는 마음(精進心)
④ 지혜심(智慧心)
⑤ 안정된 마음(禪定心)
⑥ 물러섬이 없는 마음(不退心)
⑦ 베푸는 마음(回向心)
⑧ 진리를 보호하는 마음(護法心)
⑨ 청정한 계심(戒心)
⑩ 원을 발하는 마음(願心)으로
신심을 일으키고 다시 불법에 머물러 올바로 이해하는

① 초발심(初發心住)
② 치지주(治地住)
③ 수행주(修行住)
④ 생귀주(生貴住)
⑤ 방편주(方便住)
⑥ 정심주(正心住)
⑦ 불퇴주(不退住)
⑧ 동진주(童眞住)
⑨ 법왕자주(法王子住)

⑩ 관정주(灌頂住)의 생활을 하여 바른 행을 실천한다.

① 법륜에 들어가 이타행을 하는 환희행(歡喜行)
② 항상 중생을 인도하고 도움을 주는 요익행(饒益行)
③ 잘 참고 남에 대해 화를 내지 않는 무위역행(無違逆行)
④ 큰 정진으로 중생들을 발심시키는 무굴요행(無掘撓行)
⑤ 무지 때문에 흐려지지 않게 하는 무치난행(無痴亂行)
⑥ 항상 불국토 안에 생을 나타내는 선현행(善現行)
⑦ 공·유(空·有) 2견에 집착하지 않는 무착행(無着行)
⑧ 얻기 어려운 선근을 성취하는 선근행(難得行)
⑨ 법을 설하여 남에게 베푸는 선법행(善法行)
⑩ 중도의 이치를 깨달은 진실행(眞實行)

그리고 조건없이 무엇이고 세상에 베푼다.
① 일체중생을 구호하되 구호했다는 상을 여의고 베풀고(救護一切衆生 衆象生相回向)
② 파괴하지 않는 마음으로 회향하고(不壞回向)
③ 부처님과 똑같이 회향한다(等一切佛回向)
④ 어느 곳이나 구분없이 회향한다(至一切處回向)
⑤ 무진한 공덕으로 회향하고(無盡功德藏回向)
⑥ 평등 선근으로 근기 따라 회향하고(隨順平等善根回向)
⑦ 똑같이 일체중생에게 회향하고(隨順等觀一切衆生回向)
⑧ 참되고 한결같은 마음으로 회향하고(眞如相回向)
⑨ 자유롭게 구속하지 않고 회향하고(無縛解脫回向)
⑩ 한량없는 법계에 회향한다(法界無量回向)

그리고

① 4무량심으로 환희롭게 살고(歡喜地)
② 착한 마음으로 살고(離垢地)
③ 광명심으로 살고(發光地)
④ 빛나는 마음으로 살고(焰慧地)
⑤ 큰마음으로 살고(難勝地)
⑥ 현재심으로 살고(現前地)
⑦ 그윽한 마음으로 살고(遠行地)
⑧ 지혜광명으로 살고(善慧地)
⑨ 흔들림이 없는 마음으로 살고(不動地)
⑩ 진리의 구름 속에서 산다(法雲地)

이렇게 해서 법계에 들어가 적멸한 마음을 증득하면 누구나 초발심으로부터 보살도를 거쳐 성불하게 되는 것이다.

그런데 언제부턴가 한국 사람들은 중국불교를 따라 10재일을[2] 지키면서 초하루 정광여래, 초8일 약사여래, 14일 현겁천불, 15일 아미타불, 18일 지장보살, 23일 대세지보살, 24일 관음보살, 28일 노사나불, 29일 약왕보살, 30일 석가모니불을 중심으로 섬기게 되었다.

그래서 중국과 한국 사람들은 도산지옥 진광대왕이 섬기는 정광불과 확탕지옥 제2 초강대왕이 섬기는 약사불, 한방지옥 송제대왕이 섬기는 현겁천불, 검수지옥 오광대왕이 섬기는 아

---

[2] 10재일이란 매달 음력으로 10일을 지적하여 여기에 소속된 불·보살을 천번씩 생각하며 염불하면 지옥이나 나쁜 곳에 떨어지지 않는다는 윤회업보사상에서 나온 것이다.

미타불, 거해지옥 평등대왕이 섬기는 노사나불, 흑암지옥 오도전륜대왕이 섬기는 석가모니 부처님과 발설지옥 염라대왕이 섬기는 지장보살, 독사지옥 변성대왕이 섬기는 대세지보살, 방아(碓確)지옥 태산대왕이 섬기는 관세음보살, 철상지옥 도시대왕이 섬기는 약왕보살을 주로 신행하여 왔다.

그리고 비로자나 부처님과 노사나 부처님에게는 문수·보현이 좌우보처가 되고, 석가모니 부처님에게는 제화갈화·미륵보살이 좌우보처가 되고, 아미타불에는 관음·세지, 약사 부처님께는 일광·월광보살이 각각 좌우보처가 되어 시봉한다고 생각하였다. 부처님 뿐 아니라 보살들에게도 관음보살에게는 남순동자와 해상용왕이 좌우보처가 되고, 지장보살에게는 도명존자와 무독귀왕이 좌우보처가 된다 하였다.
 이렇게 불·보살·명왕·신장님까지도 모두 좌우보처를 세우고 아울러 따라 다니는 신장님들을 모시다보니 온 절 안이 신장, 불·보살의 상화(像畵)로 꽉 차게 되었다. 이것 때문에 청정한 수행도량(절)이 다불(多佛) 귀신의 종합청사처럼 인식된 것이다. 사실 대승불교가 대승불교의 역할을 다하지 못하고 다불·다보살 사상에 빠져 무속화된 데에는 이 같은 영향이 크다고 볼 수 있다. 특히 신장사상은 보호신장으로서의 신장이 아니라 길흉화복을 주고받는 영험한 신으로 기복신앙의 원천이 되었다.

갖가지 신장님들의 발현

　불교의 세계관은 전통적 베다사상에서 연유된 것이지만 불교에 들어와서 새롭게 정리되었다.
　'세(世)'는 과거·현재·미래의 시간을 말하며, '계(界)' 또는 '간(間)'은 동·서·남·북 공간을 말한다. 그러므로 세계는 시간과 공간속에 천유상속(遷流相續)해가는 유위세계가 있고, 시간과 공간을 초월한 무위세계(無爲世界)가 있는데, 일반적으로 '세계' 하면 무위세계보다는 유위세계를 주로 이야기 한다.
　고대 인도사람들은 수미산을 중심으로 그 주위에 4대주가 있고, 그 주변에 9산 8해가 있으며, 위로는 색계 초선천까지, 밑으로는 대지 밑에 있는 풍륜세계까지를 합쳐 소세계(小世界)라 한다.
　이 세계 가운데는 해와 달, 수미산·4천하·사왕천·도리천·야마천·도솔천·락변화천·타화자재천·범천 세계가 있는데, 이것을 천개 합친 것을 1소천세계라 하고, 그 소천세계 천 개를 모은 것을 중천세계, 중천세계 천 개를 모은 것을 대천세계라 한다. 그리고 이 소·중·대 세 세계를 모두 한데 모은 것을 3천대천세계라 한다. 말하자면 1소천세계는 1일월세계,

즉 1태양계가 되는데, 중천세계는 천 태양계가 되고, 대천세계는 백만 태양계가 되므로 3천대천세계를 보통 100억 일월세계라 부르고 있다.

그런데 불교에서는 이 백억 일월세계를 한 부처님이 다스리고 있는 1부처님세계라 하는데, 이 우주에는 백억 천억 만억까지 무진한 부처님세계가 있으므로 백불세계 천불세계 천만억 일월세계라 부르고 있다.

그런데 그들 세계에는 수준과 범위, 지식이 비슷비슷한 것들끼리 한계를 지어 살기 때문에 개는 개 세계에서 살고, 사람은 사람의 세계에서 살듯이, 지옥·아귀·축생·인·천·수라·성문·연각·보살·불들이 다 제각기 자기소속 된 세계에서 연관된 중생들과 함께 생활하고 있는 것이다.

화엄경에는 39위 신장이 있고, 석문의범(釋門儀範)에는 104위신장이 나오는데, 각기 그 세계에는 주인들이 있어 산과 물, 나무와 곡식들을 관리하고 있기 때문이다.

먼저 39위 신장을 말한다면,
① 색계 최상의 대자재천왕(大自在天王)
② 색계 선정 속에 안주하는 광과천왕(廣果天王)
③ 널리 법을 펴고 있는 변정천왕(徧淨天王)
④ 광대하게 법문을 하는 광음천왕(光音天王)
⑤ 중생들을 연민하는 대범천왕(大梵天王)
⑥ 색계 최상의 타화자재천왕(他化自在天王)
⑦ 중생을 조복하는 화락천왕(化樂天王)
⑧ 부처님 이름을 많이 외우고 있는 도솔천왕(兜率天王)
⑨ 널리 선근을 닦고 있는 야마천왕(夜摩天王)

⑩ 부지런히 세간의 일을 다스리는 제석천왕(帝釋天王)
⑪ 중생을 이익되게 하는 일천자(日天子)
⑫ 중생의 마음을 밝히는 월천자(月天子)

이들은 모두 욕계·색계 모든 천중들로써 항상 불교법회를 따라 다니며 옹호하고 사랑으로 관찰하여 중생들을 구하는데 피곤하거나 싫어하지 않는 이들이다.

다음은 허공 가운데서 살고 있는
① 건달바왕(乾達婆王)
② 구반다왕(鳩槃茶王)
③ 제대용왕(諸大龍王)
④ 야차왕(夜叉王)
⑤ 마후라가왕(摩睺羅迦王)
⑥ 긴나라왕(緊那羅王)
⑦ 가루라왕(迦樓羅王)
⑧ 아수라왕(阿修羅王)을 말하는데, 모두 여덟 분이 되므로 8부신중이라 부른다. 건달바는 악사들이고, 구반다는 사람의 정기를 빨아먹고 사는 귀신들이며, 용왕은 농사짓고 장사하고 해운업에 종사하는데 필요한 비바람을 제공하는 이들이고, 야차는 흡혈귀이고, 마후라가는 포주들이며, 긴나라는 무용수들이고, 아수라는 육·해·공군·해병대 등의 군인들이다. 이들은 늘 부르는 사람을 따라 지역이 바뀌므로 주소가 허공으로 되어 있다. 이들은 항상 즐거운 마음으로 해탈 방편을 써서 뭇 마군을 항복받고 위엄을 나투고 있기 때문에 "八部四王來赴會 心恒快樂利無窮 皆勤解脫方便力 攝伏群魔振威雄"이라

한다.

  8부 4왕이1) 모이는 곳엔
마음이 항상 즐겁고 무궁한 이익이 있다.
부지런히 해탈 방편력을 닦아
마군들을 항복받고 위엄을 나타내기 때문이다.

  다음에는 지상에서 사는 19신장이다.
① 낮신(晝神)
② 밤신(夜神)
③ 방향신(方神)
④ 허공신(空神)
⑤ 바람신(風神)
⑥ 불신(火神)
⑦ 물신(水神)
⑧ 바다신(海神)
⑨ 호수신(河神)
⑩ 곡식신(稼神)
⑪ 의약신(醫藥神)
⑫ 숲신(林神)
⑬ 산신(山神)
⑭ 땅신(地神)
⑮ 성신(城神)
⑯ 도량신(道場神)

---

1) 동·서 4방을 지키고 있는 신장. ① 지국천 ② 증장천 ③ 광목천 ④ 다문천.

갖가지 신장님들의 발현 99

⑰ 교통신(足行神)
⑱ 파출부신(身衆神)
⑲ 경찰신(執金剛神) 등이다.

종류는 각각 다르고 모양 또한 달라도 각기 원력 따라 신통력을 나타내 불법을 옹호하며 중생들을 이익되게 하는 것은 똑같다.

그런데 104위 신장은 이 위에 8금강 4보살 10대명왕 등들을 밀적 호계대신 등과 함께 더 보태진 것인데 소개하면 다음과 같다.

① 예적금강(穢跡金剛) : 오추사마명왕, 4비, 6비 2비를 가진 불신(아그니)으로 부정(不淨)을 없애주는 신.
② 청제재금강(靑除災金剛) : 모든 중생의 숙업과 구앙(舊殃)을 없애주는 금강.
③ 벽독금강(碧毒金剛) : 유정들의 유행병(瘟瘴)을 없애주는 금강.
④ 황수구금강(黃隨求金剛) : 모든 공덕과 원을 성취시켜 주는 금강.
⑤ 백정수금강(白淨水金剛) : 모든 재물을 주관, 열뇌를 맑혀 주는 금강.
⑥ 적성화금강(赤聲火金剛) : 부처님을 뵙고 바람처럼 달려가는 금강.
⑦ 정제재금강(定除災金剛) : 사랑스러운 눈으로 모든 재앙을 없애주는 금강.
⑧ 자현신금강(紫賢神金剛) : 굳은 마음을 파헤쳐 깨달음을

주는 금강.
⑨ 대신력금강(大神力金剛) : 물 따라 지혜의 싹을 키우는 금강.

여기까지가 10금강이고, 다음은 4보살이다.

① 경물권보살(警物眷菩薩) : 방편으로 물건들을 살피는 경찰 보살.
② 정업색보살(定業索菩薩) : 결정된 장소에 가서 복업을 챙겨주는 보살.
③ 조복애보살(調伏愛菩薩) : 중생들을 따라 신통을 나타내어 사랑을 조복하는 보살.
④ 군미어보살(群迷語菩薩) : 깨끗한 구름처럼 맑은 음성으로 통역해주는 보살.

다음은 10대 명왕이다. 명왕은 밝은 주문이다. 부처님께서 제도하기 어려운 중생들을 제도하기 위하여 화현으로 몸을 나타내어 갖가지 주문(진언)으로 동서남북 시방을 보호한다.

① 염마다가대명왕(焰曼怛迦大明王) : 동방명왕
② 바라이야다가대명왕(鉢羅抳也怛迦大明王) : 남방명왕
③ 발납마다가대명왕(鉢納摩怛迦大明王) : 서방명왕
④ 미가라다가대명왕(尾仡羅怛迦大明王) : 북방명왕
⑤ 택지라야대명왕(托枳羅惹大明王) : 동남방명왕
⑥ 니라능나대명왕(尼羅能拏大明王) : 서남방명왕
⑦ 마하마라대명왕(摩訶摩羅大明王) : 서북방명왕

갖가지 신장님들의 발현

⑧ 아좌라나타대명왕(阿佐羅曩他大明王) : 동북방명왕

⑨ 바라번다라대명왕(縛羅播多羅大明王) : 하방명왕

⑩ 오니새작거라바리제대명왕(塢尼灑作仡羅縛里帝大明王) :
  상방명왕

금강은 보검을 가지고 위엄을 나타내면서 큰 소리로 외도의 봉(鋒)을 꺾는 사람들이고, 4보살은 4방을 살피는 보살들이며, 10대명왕은 맑고 밝은 진언으로써 시방세계를 지키는 신들이다.

이상을 모두 상단(上壇)이라 하고, 다음 38위는 중단이다.

① 대범천(大梵天) : 색계 초선천왕, 사바계주
② 제석천(帝釋天) : 지거세주(地居世主), 33천이라고도 함.
③ 비사문천왕(毘沙門天王) : 북방호세, 대야차주
④ 지국천왕(持國天王) : 동방호세, 건달바주
⑤ 증장천왕(增長天王) : 남방호세, 구반다주
⑥ 광목천왕(廣目天王) : 북방호세, 용왕주
⑦ 일궁천자(日宮天子) : 해천자
⑧ 월궁천자(月宮天子) : 달천자
⑨ 금강밀적(金剛密迹) : 마군, 원적을 물리쳐주는 금강역사
⑩ 마혜수라천왕(摩醯首羅天王) : 색계 정거천왕
⑪ 산지대장(散指大將) : 장수, 총령귀신대장
⑫ 변재천녀(辯才天女) : 총지를 가진 대지혜녀
⑬ 대공덕신(大功德神) : 힘 따라 소원을 성취시켜 주는 신
⑭ 위태천신(韋駄天神) : 3주호법신
⑮ 견뇌지신(堅牢地神) : 모든 공덕을 발생하는 신
⑯ 보리수신(菩提樹神) : 모든 깨달음을 주관하는 신

⑰ 귀자모신(鬼子母神) : 어린아이들의 생산을 보호하는 산파
⑱ 마이지천(摩利支天) : 해와 달, 들에서 병과를 주관하는 신
⑲ 사가라용왕(裟竭羅龍王) : 법보를 비장, 용들을 거느리고 있는 용왕
⑳ 염마라왕(閻魔羅王) : 유명세계의 주권을 잡고 있는 법무대신
㉑ 자미대제(紫微大帝) : 모든 별들을 주관하고 있는 북극진군
㉒ 탐랑성군(貪狼星君) : 북두제1, 양명성군
㉓ 거문성군(巨門星君) : 북두제2, 음정성군
㉔ 녹존성군(祿存星君) : 북두제3, 진인 녹존성군
㉕ 문곡성군(文曲星君) : 북두제4, 현명성군
㉖ 염정성군(廉精星君) : 북두제5, 단원(丹元)성군
㉗ 무곡성군(武曲星君) : 북두제6, 북극 무곡성군
㉘ 파군성군(破軍星君) : 북두제7, 천관파군성군
㉙ 외보필성(外補弼星) : 북두제8, 외보를 잘하는 성군
㉚ 내보필성(內補弼星) : 북두제9, 속을 잘 비치는 성군
㉛ 개덕진군(開德眞君) : 상태 허정
㉜ 사공성군(司空星君) : 중태 6순
㉝ 사록성군(司祿星君) : 하태 곡생
㉞ 이십팔수(二十八宿) : 동서 4방 각 7성[2]
㉟ 아수라(阿修羅) : 해와 달을 밝히는 은섭신(隱攝神)
㊱ 가루라(迦樓羅) : 속히 지혜의 광명을 쏟아주는 노래신
㊲ 긴나라(緊那羅) : 소리를 지르며 마군을 항복받는 무용신

---

[2] 동방 7성 角・亢・底・房・心・尾・箕, 북방 7성 斗・牛・女・虛・危・室・壁, 서방 7성 奎・婁・胃・昴・畢・觜・參, 남방 7성 井・奎・柳・星・張・翼・軫.

㊳ 마후라가(摩睺羅伽) : 견고한 지혜로 수미산을 지키는 신

다음은 하계의 43신들이다.

① 25위 호계대신(護戒大神) : 3귀5계를 받는 자를 옹호하는 36부와 25대신
② 18복덕신(福德神) : 안으로 정법을 보호하는 복덕신
③ 토지신(土地神) : 주처를 안정시키는 보덕정화신(普德淨華神)
④ 도량신(道場神) : 도량을 장엄하고 만행을 수호하는 신
⑤ 가람신(伽藍神) : 스님들이 거처하는 절을 수호하는 신
⑥ 옥택신(屋宅神) : 널리 법계를 함용한 집을 수호하는 신
⑦ 문호신(門戶神) : 광대통명한 출입문을 수호하는 신
⑧ 주정신(主庭神) : 청정복업을 일으키는 뜰을 수호하는 신
⑨ 주조신(主竈神) : 인간의 선악과 인사를 검찰하는 신
⑩ 주산신(主山神) : 만가지 덕을 갖추고도 성품이 언제나 한적한 신
⑪ 주정신(主井神) : 세탁 열뇌를 식혀주는 신
⑫ 청칙신(圊厠神) : 부정한 것을 깨끗이 청소시켜 주는 신
⑬ 대애신(碓磑神) : 벼를 찧어 쌀을 만드는 신
⑭ 주수신(主水神) : 비구름을 조절하여 만물을 자라게 하는 신
⑮ 주화신(主火神) : 어두움을 없애주고 밝음을 주며, 맛있는 음식을 제공하는 신
⑯ 주금신(主金神) : 견고한 성품으로 빛을 보면 광명을 나타내는 신

⑰ 주목신(主木神) : 밝은 빛을 머금고 가지와 뿌리를 성장시키는 신
⑱ 주토신(主土神) : 만물을 갈무리고 생장시키는 신
⑲ 주방신(主方神) : 방향을 가르쳐 생업을 촉진시키는 신
⑳ 토공신(土公神) : 12류 중생의 제액을 소멸시켜주는 신
㉑ 방위신(方位神) : 4주의 운행과 한서의 차이를 지시해주는 신
㉒ 시직신(時直神) : 밤낮을 알려 차고 더운 것을 가르쳐 주는 신
㉓ 광야신(曠野神) : 널리 만 가지 물건을 베풀어주는 신
㉔ 주해신(主海神) : 더러운 것을 깨끗하게 맑혀주는 신
㉕ 주하신(主河神) : 흐르는 물을 더욱 빛나게 하는 신
㉖ 주강신(主江神) : 널리 구름을 일으켜 공기를 맑고 깨끗하게 하는 신
㉗ 도로신(道路神) : 특별한 경계를 가지고 가는 길을 밝혀주는 신
㉘ 주성신(主城神) : 궁전, 불당을 수호해주는 신
㉙ 초훼신(草卉神) : 꽃과 향이 어우러지게 하는 신. 정원사
㉚ 주가신(主稼神) : 향기로운 곡식을 재배하여 정기를 길러주는 신. 농사꾼
㉛ 주풍신(主風神) : 만물을 흔들어 자라게 하는 신
㉜ 주우신(主雨神) : 근기 따라 비를 내려 만물을 자라게 하는 신
㉝ 주주신(主晝神) : 온갖 덕으로 만물을 빛나게 하는 신
㉞ 주야신(主夜神) : 어두움을 밝혀 위험한 길을 안내하는 신
㉟ 신중신(身衆神) : 갖가지 위엄으로 온갖 것을 장엄해주

는 신
㊱ 족행신(足行神) : 사람들을 따라 다니며 편리를 제공하는 신
㊲ 사명신(司命神) : 만물의 수명을 관장하고 있는 신
㊳ 사록신(司祿神) : 만물의 명예를 관장하고 있는 신
㊴ 장선신(掌善神) : 만 가지 선행을 관장하고 있는 신. 포상자
㊵ 장악신(掌惡神) : 만 가지 악행을 관장하고 있는 신. 징벌자
㊶ 벌병신(罰病神) : 나쁜 벌로 병을 내리는 신
㊷ 고찰신(痼察神) : 예기치 아니한 유행병을 관장하는 신
㊸ 이의삼재오행신(二儀三才五行神) : 천・지, 음양, 금・목・수・화・토 5행을 관장하신 신
㊹ 부지명위일체호법선신(不知名位一切護法善神) : 이름을 알 수 없는 일체호법선신

이들 모든 신들은 인도・중국・티벳・몽골・파키스탄・아프가니스탄・이란・이라크 내지 그리스・로마 일대에 유행하고 있던 모든 신・군・병 등 일체의 귀신 영가 영웅 등이 총망라되어 있을 뿐 아니라 당시에 유행하고 있던 철학 사상 온갖 문화적 요소가 다 포함되어 있다.

그래서 창조신을 따라 믿지 않는 불교가 대승불교에 접어들면서 범신론적(汎神論的) 종교로 인식되게 된 것이다.

범신론이란 유신론처럼 신과 자연과의 관계가 질적으로 다른 것이라 보지 않고, 자연의 모든 것이 그대로 신이라고 보는 것이다. 물론 불교는 임지자성(任持自性) 궤생물해(軌生物

解)하여 모든 것을 그대로 부처로 볼 수 있지만, 완성된 불이 있고 미완성된 불이 있는데 범신론적 사고방식이 섞이다 보니 모두가 부처로 신비의 대상이 된 것이다. 이것은 알렉산더 이후 그리스의 범신사상과, 인도의 베다의 범신사상이 함께 섞이면서 주종을 따지기 어려울 정도로 복잡 미묘해졌다.

그러나 불교에서는 그것을 천신·금강신·보살신·명왕신·왕신·귀신 등으로 보지 않고, 물에는 물이 가지는 특성이 있고, 산에는 산만이 가지는 특성이 있어 그 특성대로 살면 이 같은 39위나 104위 신장의 정신을 계승하여 어느 곳에 가던지 걸림없이 잘 살 수 있다고 보는 것이다.

예를 들면 산은 높고 낮고 험하고 순하고를 관계하지 않고 그들 지역에 알맞은 나무와 풀, 꽃과 열매를 맺어 한 가지도 가지지 않고 만물에 희사하여 세상을 풍족하게 하고 있으니 산의 정신을 의지하여 산을 섬기고 산처럼 산다면 어떤 어려움이 있겠는가. 설사 비바람이 치고 화재(火災)가 일어난다 하더라도 산은 화를 내지 않고 그 성품을 한적하게 가져 세월이 지나면 또 옛과 같은 모습으로 자라 세상을 아름답게 하고, 풍요로운 세상을 만들어 주고 있다. 39위 신장마도 장한일인데 하물며 104위장의 성미(性味)를 알아 그대로만 산다면 무엇이 잘못될 것이 있겠는가.

그러므로 일반종교에서 신으로 위했던 신들은 불교에서는 신의 정신으로 이해하여 그들에게 만 가지 음식을 차려 놓더라도 산목숨을 죽이는 것만은 허용하지 않는다. 그리고 그곳에 차렸던 모든 음식을 가지고 요즘 말로하면 경로잔치를 하든지 유아잔치를 하던지, 산이나 물(大自然) 덕분에 이렇게 잘 살고 있다는 것을 가르치는 것이다. 아니, 이렇게 산과 물을 섬기는 것에서만 그치는 것이 아니라 모두가 산과 물이 되어 이 세상을 이롭게 하고, 풍요롭게 하는 일을 몸소 실천할 수 있도록 가르치는 것이다.
　그러므로

품류무변형색별(品類無邊形色別)
수기원력현신통(隨其願力現神通)
봉행불법상위호(奉行佛法常爲護)
이익중생일체동(利益衆生一切同)

이라 한 것이다.

여러 가지 품류에 행색 또한 다르지만
원력을 따라 신통력을 나타내
불법을 봉행하고 세상을 호위하여
중생을 이롭게 하는 것은 똑같다.

　어느 것이 높고 낮으며 귀하고 천한 것이 있겠는가. 각기 맡은바 임무에 충실하여 자리를 잘 지키면 모두가 행복하고 덕스러운 자리를 만들어갈 것이다.

원만불토설(圓滿佛土說)과
원만인격상(圓滿人格相)

　인도불교는 오랜 세월 조선(祖先)들의 역사와 문화 가운데 가장 이상적인 인격상과 이상적인 지리 풍토를 뽑아 극락정토를 제일로 치고, 부처님 상호를 으뜸으로 존경해 왔다. 그래서 불국토를 장엄하는 데는 정토경의 십팔원정설(十八圓淨說)이 제일이요, 인격을 완성하는 데는 부처님의 십팔불공법(十八不共法)이 모델이라 하였다.

　그래서 모든 불모(佛母)들은 불보살이 거주하는 불국토를 18원정설로 아름답게 장엄하고, 부처님의 모습을 가능한 한 18불공법에 의해 불상을 조성하려고 애를 썼던 것이다.

　그러면 18원정법이란 무엇인가.

　①은 가장 훌륭한 빛으로 장엄된 최승궁전으로 온 세계에 빛을 나투는 것이니, 요즈음 말로하면 가장 편리한 주택이고.

　②는 한량없는 곳에 갖가지 장식이 법을 표하고 있으니, 의미심중한 도시계획이며,

　③은 욕계·색계·무색계의 3계 소행처를 벗어나는 것이니, 욕락과 사상의 경계까지도 벗어나는 것이고,

　④는 주위가 끝이 없고 양 또한 헤아릴 수 없는 것이니, 말

하자면 국경의 경계가 없는 것이다.

⑤는 거룩한 세간 출세간의 선근에 의해 장엄된 것이니, 보기 싫은 것은 나타나지 않고, 착한 것만 드러내 보이는 것이다.

⑥은 지주가 자재로 깨끗한 생각을 그 모습으로 하는 것이니, 요즘말로 하면 비자의 제약을 받지 않는 것이다.

⑦은 시방여래가 다 모여도 비좁지 않는 것이니, 국제적인 활동에 장애가 없는 것이고,

⑧은 모든 보살들이 다 모여도 비좁지 않는 것이니, 구도중생의 수행처로 꽉 채우는 것이다.

⑨는 한량없는 천룡·야차·건달바·아수라·가루라·긴나라·마후라가 등 8부신장이 따라 다니며 에워싸고 있는 것이니, 군경·연예인·예술가·문화인들이 함께 어울려 문화 활동을 하는 것이고,

⑩은 광대한 법미로 식사를 하는 것이니, 거친 음식으로써가 아니라 지식과 도로써 상식(常食)을 삼는 것이다.

⑪은 현재 중생을 위하여 일체의 의리(義利)가 있는 것이니, 정의와 복지가 실현된 것이고,

⑫는 모든 마구니를 멀리 여읜 것이니, 죽고 사는 두려움이 없는 것이다.

⑬은 모든 장엄을 초과하여 여래의 소주처가 된 것이니, 하염없는 마음으로 세상을 장엄한 것이다.

⑭는 지혜의 길이 가로 세로 놓여 있는 것이니, 요즘말로 하면 교통이 편리한 것이고,

⑮는 대지묘관(大止妙觀)으로써 즐거움을 삼는 것이니, 위빠사나를 양식으로 삼아 평화로운 삶을 실천하는 것이다.

⑯은 공·무상·무원으로써 해탈을 삼는 것이니, 몸과 마음에 대자유를 얻는 것이고,

⑰은 일체의 번뇌와 진구를 벗어나는 것이니, 어떠한 고뇌도 침범하지 못하는 것이며,

⑱은 한량없는 공덕으로 대궁전을 장엄하여 보배처럼 귀히 여기는 것이니, 칭찬과 찬탄 속에 살아가는 것이다.

이곳이 곧 모든 불·보살이 사는 불국정토이다.

18불공법은 부처님의 인격을 말하는데,
첫째는 열 가지 힘(十力)이고,
둘째는 네 가지 두려움 없는 마음(四無所畏)이며,
셋째는 세 가지 흔들림 없는 마음(三不動)이고
넷째는 대자대비(大慈大悲)이다.

첫째 열 가지 힘은,
① 처비처지력(處非處智力)은 처해야 할 곳과 처해서는 안 되는 곳을 잘 아는 지혜를 가지고 있는 것이고,
② 업이숙지력(業異熟智力)은 중생의 업이 어떤 방향으로 익어가고 있다는 것을 아는 지혜이며,
③ 신상신통지력(身相神通智力)은 어찌하여 저런 모습에 저런 생각을 하고 있는지 훤히 아는 지혜이고,
④ 정려해탈등지지력(靜慮解脫等持智力)은 중생이 어떤 선정 속에서 어떤 해탈을 얻고 어떤 삼매를 수용하고 있다는 것을 아는 지혜이며,
⑤ 근상화지력(根上下智力)은 근기의 상하를 알아보는 지혜이고,

⑥ 종종계지력(種種界智力)은 어떻게 해서 그 세계가 만들어졌는가를 훤히 아는 지혜이다. 말하자면 개는 어찌하여 개가 되고, 소는 어찌하여 소가 되었는지 그 마음을 다 아는 것이다.
⑦ 변취행지력(遍趣行智力)은 장차 저 중생이 어떤 세계를 향해 나아가고 있다는 것을 아는 지혜이고,
⑧ 숙주수념지력(宿住隨念智力)은 전생에 어느 곳에서 무엇을 하고 살다가 무슨 생각을 따라 이 세상에 왔는가를 훤히 아는 지혜이며,
⑨ 사생지력(死生智力)은 이 사람이 죽겠는가, 살겠는가 하는 것을 아는 지혜이고,
⑩ 누진지력(漏盡智力)은 번뇌가 다 되었는지 되지 아니 하였는지를 훤히 아는 지혜이다.
그래서 부처님을 무불통지(無不通知)라 하는 것이다.

그리고 사무소외는 불보살이 설법을 할 때 두려워하는 마음이 없는 것을 말한다.
① 정등각무외(正等覺無畏)는 일체 모든 법을 평등하게 깨달아 다른 이의 힐난을 두려워하지 않는 것이고,
② 누영진무외(漏永盡無畏)는 온갖 번뇌를 다 끊어 외난을 두려워하지 않는 것이며,
③ 설장법무외(說障法無畏)는 깨달음을 장애하는 것을 말하되 두려워하지 않는 것이고,
④ 설출도무외(說出道無畏)는 고통세계를 벗어나는 길을 열어 보이되 사람들의 비난을 두려워하지 않는 것이다.

그리고 세 가지 흔들림 없는 마음은,
첫째 칭찬해도 흔들리지 않고,
둘째 헐뜯어도 흔들리지 않으며,
셋째 반반이 되어도 어느 쪽에 기울어지지 않는 것이다.

그리고 대자대비는 이 세계와 중생을 생각하는 마음이 내 몸과 내 마음처럼 똑같이 생각하기 때문에 나와 남을 의식하지 않는 것이다.
18불공법 가운데 앞의 17가지는 누구든지 실천할 수 있어도 마지막 대자대비는 부처님이 아니면 그렇게 될 수 없다고 하였다.

불교의 목적은 첫째 인격완성과 둘째 정토실현에 있다. 아무리 좋은 국토라도 그 속에 사는 중생이 훌륭하지 못하면 불국토가 될 수 없기 때문이다.
그런데 이 같이 열여덟 가지 완성된 인격자, 18원정법에 의하여 만들어진 세계가 있다면 이 보다 더 좋은 극락과 천당이 있다 할지라도 따로 갈려고 하지 아니할 것이다.
이것이 불교의 이상이고 세간이다.
그래서 아쇼카 왕과 카니슈카 왕은 자기 나라 자기 자신에 국한하지 않고 이 세상 끝까지 불법이 전해지기를 원했고, 지혜와 철학이 투철한 밀린다 왕은 말년에는 스스로 출가하여 도 닦기를 원했던 것이다.
어찌 인도 서양에서만 있는 일이겠는가. 중국의 순치황제는 "백년삼만육천일이 출가 수행자의 반나절만 못하다" 하고, 출가하여 도를 닦았던 것이다.

그러나 토착신앙이 강해지다 보니 때로는 그 지역의 신들이 신장이나 보살로 나타나 수염 달린 남성적인 보살상이 나타나기도 하고, 갑옷을 들고 칼을 든 신장님들도 조각되기 시작하였다. 그래서 절에 가면 무서워서 들어가기 힘들다는 말이 나오게 되었는데, 이것은 임금님이 계신 왕궁이나 천신을 모신 천왕전에 들어가다 보면 좌우에서 살피는 경찰과 군인, 즉 근위병과 같은 것이 있어 두렵기 때문에 겁난다고 말하는 것이지만, 오히려 사귀고 보면 경찰과 군인, 연예인도 별 사람이 아니라 우리와 똑같은 사람이라는 것을 알게 될 것이다.

그래서 어떤 면으로 보면 이러한 상화(像畵)가 불교 포교의 한 장애물이 되기도 하였다. 아이 밴 사람이 아기가 떨어졌다든지, 정신이 미약한 사람이 도리어 공포증에 걸렸다든지 하면 그것 자체가 불교 기피증으로 변하고 말기 때문이다. 서양의 종교가 동양에 들어와 환영을 받은 것 가운데는 십자가에 매달려 있는 예수의 피흘리는 상보다도 날개 달린 천사와 아들딸을 안고 있는 마리아 성상 가운데서 호감을 느낀 바도 많다고 한다. 창·칼을 들고 눈을 부릅뜨고 부하들에게 호령하는 신장님들 보다는 비둘기와 함께 하늘을 날고, 품안에서 사랑을 느끼는 아기부처들의 모습이 훨씬 더 다정해 보이기 때문이다.

마투라 불상과 간다라 미술

　희랍의 여러 왕들이 소아시아를 다스리는 가운데 인도의 아쇼카 왕과 카니슈카 왕이 다시 이곳을 평정하여 동서문명이 한꺼번에 어우러졌다. 그런데 그 가운데서 특히 불교에 있어서는 예기치 않았던 일들이 생겼으니, 부처님께서 "자귀의(自歸依)" 하고 "법귀의(法歸依)"하여 "자등명(自燈明) 법등명(法燈明)하라" 가르친 불교가 이 시대에 이르러서는 귀의의 표본으로서의 부처님과 등명의 상징으로서 불상이 만들어지게 된 것이다. 이것이 인도 지방에서 만들어진 마투라 불상과 중앙아시아 지방에서 만들어진 간다라 미술이다.

　원래 불교의 상징은 법륜(法輪)이요, 연화(蓮華)요, 보리수(菩提樹)·일원상(○)·원이삼점(圓伊三點 ; ∴)·만자(卍)·불족(佛足)·탑(塔) 등이었다. 법륜은 진리의 수레바퀴를 상징하고, 연꽃은 불성·인과를 뜻하며, 보리수는 깨달음, 일원상은 일심, 원이삼점은 일심의 체·상·용, 만자는 태양 즉 대각의 빛을 상징한 것이며, 불 족은 부처님의 역사를 의미하며, 탑은 부처님 사리신앙이다.

그런데 마투라 불상과 간다라 미술이 나타나면서 이들은 다 그늘 속으로 들어가고 32상 80종호를 갖춘 불·보살의 모습이 찬란하게 나타나게 되었다.

마투라(摩偸羅)는 인도 북부 델리 동남쪽으로 약 140km 떨어진 줌나 강 서안에 위치한 도시로 인도 서부와 북부를 연결하는 교통의 요새지이다. 부처님께서도 이곳에 이르러 과거 4불의 유적을 밝히시고 마투라 국 발제강가 산개암라수원에 머무시면서 자등법 법등명 법문을 하신 일이 있는데, 쿠샨 왕조와 굽타왕조 때, 동서문화의 교통요새가 되면서 오래 전부터 발전해오던 조각 미술을 통해서 불상과 자이나교상, 그리고 민간신앙에 중요한 신이었던 대지모상(大地母像) 약시 약사상을 조각하였는데, 시크리 지방에서 나는 황백색 반림이 있는 붉은 사암을 사용하여 갖가지 조각상을 만들었다.

마투라 미술은 크게 3기로 나누는데, BC.5세기부터 1세기에 이르기까지는 다산의 대지모상을 주로 조각하였다. 다음 AD.1세기부터 4세기 중엽(쿠샨시대)까지는 미소를 띠고 있는 경직된 좌세(座勢)를 가지고 있는 불상이 머리에 육계(肉髻)와 나발(螺髮) 형태로 조각되었으며, 옷은 편단우견(偏袒右肩)으로 몸에 딱 달라붙게 조각되었다. 특히 불탑 난간에는 기둥에 장식된 약시상이 건장한 모습으로 조각되어 있고, 권위적 카니시카 대왕상도 조각되어 나왔다. 서기 320년부터 647년까지 전인도 통일기에는 간다라미술과 접합하여 육감적인 불상과 보현상들을 조각하였다. 그러나 그 모습은 어디까지나 인도인의 모습을 닮은 것이 특징이다.

간다라국(犍馱羅國)은 인더스강 지류인 카불강 하류지역에 펼쳐진 대평원을 중심으로 파키스탄 페샤와르에 해당한다. 서북쪽에 힌두쿠쉬 산맥이 둘러싸고 있지만 예로부터 이 산맥을 넘어 동서문화가 통일되었기 때문에 인도의 통로로 불리어지고 있다.

BC.1500년경 아리아인들이 이곳을 경유하여 인도에 들어왔으며, 그 후 페르시아 아테메네스왕조 알렉산더대왕, 빅토리아의 그리스인, 샤카족·파르티아족·쿠샤나족, 사산왕조의 페르시아·키라라·엡타르·서돌궐 등의 여러 나라 지배를 받았다.

그러므로 이곳은 외래문화를 받아들이는 관문일 뿐만 아니라 불교를 비롯한 인도문화를 외부에 전파시킨 근거지이기도 하였다. 카니슈카 왕이 이곳에 이르렀을 때는 이미 헬레니즘 문화가 꽃을 피우고 있었는데, 이것과 융합하여 동북아시아, 즉 중국과 일본·한국 등에 그 문화가 유입되었다.

인도에서 처음 불상이 만들어진 것은 마투라라고 하지만 어쩌면 마투라가 간다라미술에 영향을 받은 것이 아닌가 생각하는 사람도 있는데, 어떻든 그 양식은 상당한 차이가 있다. 마투라 불상은 순수한 인도식인데 반하여 간다라 불상은 서방의 고전미술형식을 붙여 불상을 만들었다. 높고 큰 육계를 두상에 얹고 유럽풍 풍모에 몸체는 사실적이다. 서기 1세기경부터 5세기 사이 훈족의 침입에 의하여 폐망할 때까지 근 400년간 번성했던 건축·조각·회화가 많이 남아 있는데, 그리스·로마·빅토리아 등 여러 나라 예술이 뒤섞여 있어 독특한 양식을 창출해내고 있다.

그러니까 1세기 이전 인도불교에는 불상이 없이 보리수·

스투파·법륜·보좌 등의 상징물을 통하여 간접적으로 표현하는 방식을 취했던 것이 대승불교의 발달로 부처님의 상호를 구체화하는 운동이 일어났는데, 간다라미술이 그리스적인 자연주의 현실주의를 표방한 것이라면, 마투라 지방의 것은 매우 인도적이며 경건하다.

간다라미술이 미적 예술을 표방하여 파상형의 긴머리칼, 날센 콧날, 움푹 파인 서양인 눈을 하고 있다면, 마투라 불상은 보살상에 가까운 불상을 조각하고 있다. 곱슬머리에 소라 같은 나발, 갸름한 얼굴, 얕은 코, 두꺼운 눈두덩, 두꺼운 입술이 특징이며, 옷은 몸에 착 달라붙어 있어 불신의 윤곽이 두드러지게 드러났다. 조각법은 부조(浮彫)가 중심이고, 스투파 기단 벽면에는 여러 가지 장식이 새겨져 있다. 재료는 주로 청홍색·각섬편암(角閃片岩)을 사용하였으며, 석회상(石灰像)은 간다라 불상의 말기와 아프가니스탄 간다라계에서 많이 볼 수 있다.

건축은 탑을 중심으로 인도 전통건축을 기준으로 하지만 그 기둥머리에 그리스 로마의 영향이 보이고, 탑신은 아주 높고 크고, 가람은 대체로 방형에 담장을 두르고 있다. 그 안에는 중정(中庭)이 있어 사방을 두르고 있으며, 4방에는 여러 개의 방들이 나란이 만들어져 있다.

건축재료는 돌덩어리가 중심이고, 벽돌을 사용하지 아니했으며, 조각은 주로 본생담을 새겼다. 이것이 중국과 한국·일본 등에 전파되었기 때문에 간다라미술은 동북아시아불교에 큰 영향을 미쳤던 것이다.

대승불교의 경전들

　이와 같은 사상이 세계 모든 사상과 종교를 포괄하면서 그에 알맞은 경전과 논리가 만들어지게 되었는데, 그것이 바로 반야경이고 열반경이며, 법화경이고 화엄경이다.
　이들 모든 경전은 아함경과 방등경을 배경으로 부처님께서 설하신 고·집·멸·도(苦·集·滅·道)의 4제 인과 법문과 무명·행·식·명색·육입·촉·애·취·유·생·노사우비고뇌(無明·行·識·名色·六入·觸·愛·取·有·生·老死憂悲苦惱)의 인연법, 그리고 제행무상(諸行無常) 제법무아(諸法無我) 일체개고(一切皆苦) 열반적정(涅槃寂靜)의 원리를 일심의 공(空) 반야(般若)에 의탁하여 제법의 실상을 밝히고 무진법계(無盡法界)를 증명하였다.

　먼저 테레바다(상좌부)의 원산지인 스리랑카에서부터 살펴보면 바라문교의 전통요가를 불교선식(佛教禪式)으로 개조하여 만들어진 능가·능엄경 사상으로부터 이해해 볼 필요가 있다. 불교수행의 핵심은 요가·선불교가 중심이기 때문이다.

1. 능가(楞伽)불교와 능엄사상

동서불교가 한데 엉클어지면서 대소승불교가 한데 섞여지자 본토에서도 요가·민속사상이 한데 어우러지는 새로운 사상이 싹트게 되었다. 그러한 사상과 연관을 지으면서도 정법운동의 하나로 나타난 것이 남인도(스리랑카)에서 발상된 능가경과 능엄경이다.

능가경은 구나발다라역의 4권본과 보리유지역 10권본, 실차난타역 7권본이 있는데, 후기 대승불교를 대표한 반야·법화·화엄과 중기 대승경전을 대표한 열반·승만·해심밀경의 중간에 위치하는 경으로 대승불교의 여래장사상(如來藏思想)과 중국 선종의 기초를 형성하는 4종선(愚夫所行禪·觀察義禪·攀緣眞如禪·如來禪)의 배경이 된다.

부처님께서 스리랑카 능가산(아담봉)에서 대혜보살을 위해 설법하는데, 첫째는 여래장사상과 유식사상을 결부시켜 대승기신론의 1심 2문 3대 4관 5행(名·相·分別·正智·眞如) 등 법을 설하고 유식학의 8식 3성설을 설명하고 있고,

둘째는 법화경의 회삼귀일(會三歸一) 사상을 일불승(一佛乘)으로 규약하고,

셋째는 성문·연각으로서 우부선·법무아의 뜻을 관찰한 관찰의 선, 망상이 일어나지 않게 진여의 입장에 선 반연여선, 여래지에 들어가 3락국을 얻는 여래선을 설하여 선의 발달과정을 규정짓고 무분별선을 주장하였다.

그렇기 때문에 보리달마가 중국에 오실 때 가지고 왔던 책이고 나중에는 직지인심 견성성불의 교재로써 쓰게 된 것이다.

능엄경은 「대불정여래밀인수증요의 제보살 만행수능엄경」으로 인도 나란다 도량에서 학생들 교재로 편집된 경전이 아닌가 하고 추측하고 있다. 당나라 이전에는 인도 밖으로 나가지 못하도록 엄명하였는데, 반랄밀제(般剌密帝)가 직접 중국에 가져와 번역함으로써 중국과 한국에 크게 유행하게 되었다.

이 경전의 시작은 아난존자가 마등가의 사비가라범천주(沙毘迦羅梵天呪)에 걸려 있던 것을 부처님의 신통력으로 구제하는 장면이 나오는데, 대·소승 밀교가 한데 어울려 선가의 지침이 되고 있다.

제1권에서는 7처징심(在內·在外·潛根·藏暗·隨合·中間·無着)으로 마음의 주소를 밝히고, 제2권에서는 깨달음의 본성을 물질과 나, 몸과 마음, 본질과 작용이 둘이 아니고 5음도 자연도 인연도 아님을 밝히며, 제3·4권에서는 만법이 여래장 진여성임을 밝히고, 제5권에서는 여래장을 수행할 때 풀어야 할 제목 근·경·식·7대를 통해 25원통을 설하고, 제6권에서는 관음의 화현행, 제7권에서는 다라니의 공덕, 제8권에서는 57계위와 7도중생을 설한다. 그리고 제9권에서는 50변마사, 제10권에서는 5음의 근본을 설한다.

특히 이 경전에서는 생사의 제1 관문으로 5신채와 음행을 들고 있어 절대 독신생활에 채식중심 불교를 널리 유행시켰다.

스와트의 수천 개 사찰도 바로 이 스리랑카의 승가불교와 나란다의 능엄불교에 영향을 받아 채식 독신주의 불교를 실천하고 있었던 것이 아닌가 생각된다.

그러나 이것은 하루아침에 불교에서 만들어진 것이 아니다. 부처님은 매일 7가식을 하여 중생들이 주는 대로 받아 잡수셨기 때문이다.

그러나 파탈리푸트라의 계원사와 같이 6만의 비구가 한 장소에 살고 있을 때는 걸식을 하려고 해도 할 수도 없고, 수도원 그 자체가 걸식처가 되어 있기 때문에 다른 방식이 없었다. 마찬가지로 수천수만 명이 모여 있는 스와트의 불교도 요가의 군단(軍團)과 같이 규칙적인 생활양식 속에서 주는 대로 먹고 살아야 하기 때문에 그 속에서 도살을 하고 고기를 굽고 지지고 볶는다는 것은 상상도 할 수 없는 일이라 채식중심의 불교가 크게 성행하였던 것이다.

그리고 설사 재가 우바새·우바이라 하더라도 수천수만 명이 있는 비구 스님들의 수행처에 들어와 가정생활을 할 수 없었기 때문에 사원은 명자 그대로 청정도량이 되어 있었다. 어느 곳에서 술을 팔고 마약을 할 수 있으며, 매음을 할 수 있겠는가. 그러므로 스님들은 오직 선(禪)이 아니면 교(敎)를 열심히 공부하였고, 재가불자들도 스님들이 하는 일을 도와 의식(衣食)을 돕는다든지 경론의 주소를 내는데 힘을 보탰던 것이다.

2. 반야사상과 심경(心經)

대승불교의 핵심은 반야사상에 있다. 3세 시방의 모든 부처님이 무엇을 의지하여 부처가 되었느냐 하면 모두가 반야를 어머니로 하여 탄생되었기 때문이다. 마치 이것은 광산의 금이 용광로에 들어가 수십 번 제련과정을 거치다 보니 아름답게 빛나는 내외통철의 황금이 되듯, 부처님도 인과 인연 속에 살지만 그 그림자까지도 없어져버린 내외통철의 부처가 된 것이다.

후세에 편집된 경전까지 하면 반야부가 21경 736권이나 되지만 그 핵심을 줄여놓은 것이 268자 "마하반야바라밀다"이다.

반야심경은 사리불과 부처님과의 문답형식으로 되어 있는데, "보는 것으로 자유를 얻어 보살도를 실천하려면 관자재보살처럼 5온이 공한 도리를 비추어 보아야 일체의 고통을 없앨 수 있다"한 것이 핵심이다.

그러니까 근본불교의 교리 가운데 반야경은 5온법(이 몸)이 기초가 되었지만, 그것을 보는 마음이 공(空)도리에 바탕을 두고 있다는데 큰 차이가 있다. 이 세상의 근본원리가 신학자들은 "신(神)"이 기본이다 하고, 물리학자들은 "물(物)"이 근본이라고 하는데, 불교에서는 그 신과 물을 다스리는 것이 곧 "빈 마음"이라 본 것이다.

그러니까 "색불이공(色不異空)이요 공불이색(空不異色)"이라 한 것이다. 눈·귀·코·혀·몸·뜻도 공속에서 작용하고, 빛·소리·냄새·맛·감촉·법도 빈 마음속에서 인식되고 있으므로 이것 밖에 또 다른 도리가 없다고 본 것이다. 그러면 그 공은 어떤 성미를 가지고 있는가. 세 가지 원리를 가지고 있다.

첫째는 생하지도 않고 멸하지도 않아 영원한 생명력을 가지고 있으나 생하고 싶으면 생하고, 멸하게 되면 멸한다는 것

이다. (不生不滅)

둘째는 더럽지도 않고 깨끗하지도 않기 때문에 원래 청정한 것이지만, 더럽게 쓰면 더러워지고 깨끗하게 쓰면 깨끗해진다는 것이다. (不垢不淨)

셋째는 불어나지도 않고 줄어지지도 않는 복덕성을 가지고 있지만 불어나게 쓰면 부자가 되고, 가난하게 쓰면 가난해진다는 것이다. (不增不減)

3세제불과 역대조사 시방보살들이 모두 이 법칙에 의하여 아뇩다사람먁삼보리를 얻고 두려움이 없는 보살도를 실천하고 있다 하였다.

그러면 "반야"란 무엇인가. 곧 "빛"이다. 이 세상 모든 빛은 해와 달 별빛과 등불을 주종으로 하고 있지만, 부처님께서 깨달으신 빛은 그 모든 빛의 시종(始終)을 보고 변(邊)과 변(邊)을 다 본 것으로써 내외표리가 없고, 전후좌우가 없으므로 "바라승아제"라 한 것이다. 그래서 반야를 "명(明)" "혜(慧)"로 번역하였지만, 명은 밝고 어두운 것, 혜는 바르고 그른 것을 상대하여 설명한 것에 불과하다. 그러나 이 반야는 밝고 어두운 곳이나 바르고 그른 곳에 다 통하는 것이 반야이므로 꼭 명·무명과 정과 사로써만 판단할 수 있는 것이 아니다.

그러면 어떻게 하여야 그러한 반야를 증득할 수 있을 것인가. 일반적으로는 보고(見) 듣고(聞) 깨닫고(覺) 알아(知) 그 마음이 무분별상태에 들어가야 알 수 있다 하고, 또 선지식을 뵙고 법문을 듣고 깨달음을 얻어 바라밀다를 실천해야 한다고 하였지만, 고구려 승랑법사는 삼론학(三論學)을[1] 통해 중도의 문(中道門)을 얻어야 들고 나는 것을 자유자재할 수 있다고 하였다.

그래서 절에 들어갈 때 일주문(一柱門)을 통과하게 된 것이니, 들어갈 때 마음과 나올 때 마음이 다르지 않아야 된다고 하여 불이문(不二門) 중도문(中道門)이라 부르기도 한다.

3. 미타정토삼부경(彌陀淨土三部經)

미타정토삼부경이란 극락세계를 형성하는 세 가지 경전을 말한다. 불설무량수경 2권과 불설관무량수경 1권, 불설아미타경 1권 등 3권의 책을 말한다.

불설무량수경(佛說無量壽經)은 산스크리트어로 Sukhavativyūha)로 대무량수경, 대경이라고도 번역한다. 서기 19~20세기경 유럽 및 일본사람들에게 의하여 발견되어 현재 세계적으로 13부 정도가 남아있는데, 영국의 막스 뮬러와 일본의 난죠 후미오(南條文雄)가 여러 본을 대교(對校)하여 낸 것이 있다.

내용은 극락세계의 교주이신 아미타불의 역사를 밝힌 것인데, 처음에는 아난존자의 물음을 따라 석가여래께서 오탁악세(五濁惡世)에 태어나게 된 동기를 밝혔다.

아미타불은 본래 한 나라의 국왕이었는데 발심 출가하여 승명을 법장이라 하였다. 처음 세자재왕 여래께 나아가 마흔

---

1) 3론은 중론·백론·12문론이다. 승랑스님은 요동성 출신으로 장수왕 때(413~491) 중국에 유학하여 고구려 삼론학을 정립하신 분이다.

여덟 가지 원(四十八願)을 세우고 열 가지로 불국토를 장엄하여 이 우주에서는 제일가는 나라를 만들 것을 다짐하였다. 그러자 부처님께서는 자신은 영원한 생명을 가진 아미타불이 되고 사는 나라는 극락세계가 될 것이라 수기를 받았다.

마흔여덟 가지 원을 보면 다음과 같다.

① 내가 태어나는 극락세계에는 3악도(지옥·아귀·축생)가 없기 원합니다.
② 한 번 태어나면 다시는 악도에 떨어지지 않기를 원합니다.
③ 모두 몸에서 금색 빛이 나기 원합니다.
④ 더럽고 깨끗한 차별이 없기 원합니다.
⑤ 모두가 숙명통을 얻어 전생의 일을 훤히 알고,
⑥ 천안통을 얻어 무엇이고 보고 싶은 것은 마음대로 보며,
⑦ 천이통을 얻어 듣고 싶은 것을 다 듣고,
⑧ 남의 마음을 훤히 알며,
⑨ 신족통을 구족하고,
⑩ 아상(我想)이 없으며,
⑪ 정정취(正定趣)에 들고,
⑫ 광명이 한량없으며,
⑬ 수명이 한량없고,
⑭ 성문이 수가 없으며,
⑮ 인천이 장수하고,
⑯ 장애인이 없으며,
⑰ 다 같이 부처님의 칭찬을 받고,
⑱ 염불로 왕생하며,
⑲ 모든 공덕을 닦고,
⑳ 모든 덕본을 심으며,

㉑ 32상을 갖추고,
㉒ 반드시 일등 비서(보처)가 되며,
㉓ 모든 부처님께 공양하고,
㉔ 뜻과 같이 공양하며,
㉕ 일체지를 얻고,
㉖ 나라연과 같이 힘센 사람이 되며,
㉗ 생각 따라 장엄되고,
㉘ 보리수를 보게 되며,
㉙ 변재를 얻고,
㉚ 웅변을 할 줄 알며,
㉛ 국토가 청정하고,
㉜ 국토가 아름답게 장엄되며,
㉝ 부드러운 빛이 나고,
㉞ 공덕 법인을 얻으며,
㉟ 여인도 왕생하고,
㊱ 항상 범행을 닦으며,
㊲ 인천의 공경을 받고,
㊳ 생각 따라 옷이 입혀지며,
㊴ 물듦이 없이 즐겁고,
㊵ 여러 불국토를 뵙게 되며,
㊶ 눈·귀·코·혀·몸·뜻이 구족하고,
㊷ 부처님께 공양하는 마음이 견고하며,
㊸ 귀한 집에 태어나고,
㊹ 온갖 덕본을 구족하며,
㊺ 항상 삼매 속에서 여러 부처님을 뵙고
㊻ 뜻 따라 법문을 들으며,

㊼ 이름을 듣고 물러나지 않고
㊽ 세 가지 법인(음성인·유순인·무생법인)을 꼭 얻기 원합니다.

법장비구는 이때부터 헤아릴 수 없는 서원에 덕을 닦아 서쪽으로 10만억 세계를 지나 극락세계를 장엄하고, 위신광명이 뛰어난 아미타불이 되었다. 사람들은 그를 일러 무량광불·무변광불·무애광불·무대광불·염왕광불·명칭광불·청정광불·환희광불·지혜광불·부단광불·난사광불·무칭광불·초일월광불이라 불렀으며, 누구나 그 광명을 쏘이면 탐·진·치 3구(垢)가 없어지고, 몸과 입과 뜻이 부드러워지고 선심이 용솟음쳤다.

중국의 혜원스님은 이 48원을 11·13·17원을 섭법신원(攝法身願)이고, 31·33은 섭정토원(攝淨土願)이며, 나머지 43원은 섭중생원(攝衆生願)이라 하였다.

그리고 극락세계 10종장엄은,
① 법장보살의 서원에 의하여 이룩되고,
② 48원으로 이룩되었으며,
③ 아미타불 이름과 같이 장엄되고,
④ 아미타불·관음·세지 3대사가 보배처럼 나타나며,
⑤ 온 국토가 안락하고,
⑥ 맑고 깨끗한 물이 있으며,
⑦ 여러 가지 즐거운 집들이 뜻대로 이루어지고,
⑧ 밤과 낮이 뜻에 따라 되며,
⑨ 여러 가지 즐거운(24락) 정토가 이루어지고

⑩ 여러 가지 이익(30종익)이 있는 것이다.

다음 관무량수경은 극락세계에 태어나는 방법을 열여섯 가지로 설명하여 상·중·하 근기를 따라 구품연대에 태어나는 것을 설명하였다.

16관이란,
① 해를 보고(日想觀)
② 물을 보고(水想觀)
③ 땅을 보고(地想觀)
④ 보배나무를 보고(寶樹觀)
⑤ 보배연못을 보고(寶池觀)
⑥ 보배누각을 보고(寶樓觀)
⑦ 연꽃대좌를 보고(寶座觀)
⑧ 불상을 보고(寶想觀)
⑨ 부처님 몸을 보고(眞身觀)
⑩ 관세음보살을 보고(觀音觀)
⑪ 대세지보살을 보고(勢至觀)
⑫ 모든 불보살을 보고(佛菩薩觀)
⑬ 여러 가지를 골고루 보고(雜想觀)
⑭ 상배관(上輩觀)
⑮ 중배관(中輩觀)
⑯ 하배관(下輩觀)을 보는 것이다.

물론 이들은 아미타불을 뵙고 싶어 하고 관음·세지를 뵙고 싶어 하며, 극락세계를 간절히 원하면서 여러 가지 선행(10선)을 닦는 이들이어야 한다 하였다.

다음 아미타경은 왕사성에서 아난존자에게 설했던 무량수경·관무량경을 사위성 기수급고독원에 와서 사리불에게 다시한번 설한 것인데, 아미타불은 영원한 생명관을 실천한 보신불(報身佛)이고, 극락세계는 그의 보토(報土)이며, 거기 사는 중생들은 어떠한 복을 받고 살고 있는데 시방제불의 칭찬을 받고 있으니 지극한 마음으로 열 번만 아미타불 명호를 불러도 극락세계에 가서 태어날 수 있다는 것을 설명한 경이다.

4. 미륵정토삼부경(彌勒淨土三部經)

미륵정토삼부경은 미륵상생경(彌勒上生經)·미륵하생경(彌勒下生經)·미륵성불경(彌勒成佛經)을 말한다. 미륵상생경은 미륵보살의 화신인 아일다가 12년 후에 죽어 도솔천에 가 태어나는 과정을 설명하고, 미륵하생경과 성불경은 용화세계에 내려와 성불하고, 3회설법으로 석가 부처님께서 먼저 제도하지 못한 모든 중생들을 10선으로써 구제하는 장면을 설명한 경이다.

아일다는 일찍이 그 나라 국무대신의 형님의 아들로 태어났다. 그런데 그가 태어나던 날 동쪽하늘에 새별이 떠올라 점상가들이 보고 "이는 필시 새 임금님이 태어날 징조"라 하자, 임금님께서 그 별이 나타나기 전후하여 태어난 아이들을 모두 잡아 죽이게 하였다.
장관 삼촌은 이 명령을 받고 차마 조카를 죽일 수 없어 아일다를 절로 보내 스님을 만들고 한 노예의 아들을 나라에 바쳐 죽였다.

그런데 아일다가 어느 정도 컸을 때 부처님께 데리고 오니 "이 아이는 다른 생명을 많이 희생시킨 죄로 단명하여 12년 후에는 죽어 도솔천에 태어났다가 장차 이 세상에 다시 태어날 것이다" 예언하였다.

어쩌면 이 이야기는 예수님의 탄생설화와 일치하는데 그 근본이 여기서 빠져나간 것이다. 그러나 이것은 일찍이 조로아스타교의 교리에서 파생된 것이니, 다음 장에서 별도로 설명하겠다.

미륵은 인도말로 마이테리야, 즉 산스크리트어로는 Maitreya, 빨리어로는 에떼야(Metteya)로 쓰기 때문에 한문으로는 매달려야(梅怛麗耶)·메달려야(昧怛隷野)라 쓰고, 성은 자씨(慈氏), 이름을 아일다(阿逸多)라 불렀다. 그런데 그 아일다를 중국 사람들이 무승(無勝)·막승(莫勝)이라 번역하여 "가장 훌륭한" "누구도 이길 수 없는 위대한 자"로 인식하였다. 아버지는 인도 바라문이었으며, 석존 입멸 후 56억 7천만년 뒤에 화림원(華林園) 용화수(龍華樹) 아래서 성도할 것이라 하였다.

도솔천(兜率天)은 욕계 6천 가운데 제4천이다. 무엇이고 원하는 대로 만족하게 살 수 있는 곳이므로 지족천(知足天)이라 번역한다. 여기에 외원과 내원이 있는데, 외원은 천인들의 향락처이고, 내원은 장차 부처의 후보자들이 거처하는 주거지다. 석가세존도 이곳에 있을 때는 호명보살로 있다가 이 세상에 태어났다. 이곳 천인의 수명은 4천년, 하룻밤 자고 나면 인간 400년이 지나간다.

대승불교의 경전들

그런데 어떤 이는 56억 7천만년이 서해바다가 가라앉고 동해바다가 육지가 되어 금강산이 여덟 개가 다 나타나면 그때 미륵불이 우리나라에 태어나 간성 총석정 돌들을 떼어 용화법당을 짓고 3회설법을 하리라 하여 동해바다에 가서 목욕하며 기다리는 사람도 있다.

왜냐하면 현재는 하나의 금강산이 들어나 있지만 장차는 태평양 속에서 7금강이 나와 8금강이 되기 때문이라 한다.

그러나 불교를 심리학 입장에서 공부하는 이들은 사람은 여덟 개의 마음을 가지고 사는데 눈·귀·코·혀·몸의 5식(識)이 뒤집어져 성소작지(成所作智)를 이루면 50억년이 가고, 제6식이 밝아지면 묘관찰지(妙觀察智)를 얻어 6억만년이 가고, 제7 마나식이 뒤집어져 평등성지를 이루면 7천만년이 지나 제8 아뢰야식이 대원경지(大圓鏡智)를 이루면 한 발짝 옮기지 않고 그 자리에서 누구나 자씨 미륵부처님이 될 수 있으니 부지런히 10선을 닦아 그 성품을 길러야 한다 하였다.

십선이란,
① 죽이지 말고 방생하고,
② 빼앗지 말고 베풀어주며,
③ 바람피우지 말고 청정을 지키고,
④ 거짓말 하지 말고 진실을 말하며,
⑤ 꾸미는 말 하지 말고 바른말 하고,
⑥ 이간질 하지 말고 화합하는 말을 하며,
⑦ 악담 설욕하지 말고 착한 말 하고,
⑧ 탐내지 말고 보시하며,

⑨ 성내지 말고 사랑하고,
⑩ 어리석은 짓 하지 말고 지혜롭게 사는 것이다.

이렇게 모든 중생들이 이 세상을 살아가면 이 세상 그대로가 용화세계로 변하고, 그 속에 살고 있는 모든 백성들이 그대로 자씨 미륵불이 된다는 말이다.

불교를 이해하는 데는 두 가지 방법이 있으니 물에 빠지면 빠져 죽는다고 한 것은 사실적인 교훈이고, 물에 빠져 죽더라도 죽지 않는다 한 말은 육체는 죽어도 정신은 죽지 않는다는 말이다. 그런데 이러한 믿음을 확신하는 사람은 물에 들어가서도 빠지지 않고 살아나 이 두 가지 경험을 한꺼번에 풀어가는 사람도 있다.

5. 법화정토삼부경(法華淨土三部經)

법화삼부경은 무량의경(無量義經)·묘법연화경(妙法蓮華經)·보현행법경(普賢行法經) 세 가지다.

무량의경은 먼저 부처님의 덕행을 대장엄보살이 찬탄하고, 다음에 설법품에서는 부처님께서 "무상(無相)·실상(實相)의 묘법이 있는데, 여기에는 한량없는 뜻이 있다" 설하였다. 그리고 끝으로 공덕품에서는

① 누구나 이 경을 들으면 보리심을 발하고,
② 이 경을 읽고 외우면 백천 가지 의리를 통달하며,
③ 또 이 경 읽는 것을 들으면 백천 가지 뜻을 통달하고,
④ 잘 따라주는 수순권속이 생기며,

대승불교의 경전들

⑤ 받아지니고 읽고 외우고 해설하면 번뇌에서 벗어나고,
⑥ 다시 태어나더라도 총명예지하며,
⑦ 대비심으로 바라밀을 실천하게 되고,
⑧ 무생법인을 얻어 생사에 자재하며,
⑨ 모든 중생의 길잡이가 되고,
⑩ 마침내 성불한다 하였다.

그리고 실상묘법연화경은 이 세상의 실상을 깨닫게 되는데, 이 세상 모든 존재는 자기의 ① 모습과 ② 성품과 ③ 체 ④ 력 ⑤ 작용을 가지고 있는데, 그것은 옛 부터 익혀온 ⑥ 인 ⑦ 연 ⑧ 과 ⑨ 보가 ⑩ 꼭 맞아 하나의 모습 속에 성·체·력·용과 인·연·과·보·본말이 들어있고, 성품 속에도 다른 아홉 가지가 들어 있어 10×10을 곱하면 100이 되고, 100속에 다시 지옥·아귀·축생·인천·수라·성문·연각·보살·불세계를 곱하면 천이 되는데, 여기 기세간과 중생세간·지정각세간을 곱하면 3천세계가 된다. 그러니까 한 생각 속에서 백천 세계가 만들어진다는 것이다. 말하자면,

한 생각 화내면 지옥이 되고,
한 생각 탐내면 아귀가 되며,
한 생각 어리석으면 축생이 되고,
한 생각 싸우면 아수라가 되며,
한 생각 바르면 인간이 되고,
한 생각 착하면 천인이 되며,
한 생각 인과를 깨달으면 성문이 되고,
한 생각 인연을 깨달으면 연각이 되며,

한 생각 자비로우면 보살이 되고,
한 생각 깨달으면 부처가 된다는 것이다.
이것이 제법실상이다.

그런데 이렇게 깨달은 사람이 석가 한 사람만 있는 것이 아니라 과거에는 일월등명불(日月燈明佛)로부터 연등불(燃燈佛)에 이르기까지 수없는 부처님들이 불법의 등불을 켜 왔으며, 공간적으로는 대통지승불(大通智勝佛)의 16자제들이 성불하여 동·서·남·북 4유 8방에서 아촉불·수미정불·사자음불·사자상불·허공주불·상멸불·범상불·제상불·아미타불·도일체세간고뇌불·다마라발전단향신통불·수미상불·운자재불·운자재왕불·괴일체세간포외불·석가모니불이 각각 자리를 맡아 교화하고 있다고 하였다.
말하자면 불법의 진리는 시공을 초월하여 법계에 꽉 차 있으나 중생의 근기가 천차만별하여 알아듣지 못하는 사람도 있고, 보지 못하는 사람도 있으나 결국에는 누구나 성불하여 반드시 부처가 될 것이라고 설한 경전이 법화경이다.

총 28품 가운데 먼저 10품(서·방편·비유·신해·약초·수기·화성·5백제자·수학·무학·법사품)은 산상에서 설하고, 약왕·묘음·관음·다라니·묘장엄·보현보살권발품은 지상에서 설하고, 보탑·제바·권지·안락행·종지용출·무량수광·분별공덕·수희·법사·상불경·여래신력·촉루품은 허공에서 설한다.
내용은 본문(本門)과 적문(迹門)으로 크게 나누는데, 적문은 과거 제불로부터 현재 석가에 이르기까지의 지내온 발자취를

삼승방편(三乘方便) 일승진실(一乘眞實)로써 설하고, 본문은 본래부터 누구나 부처였고, 부처의 법이 이 우주에 충만해 있으며, 스님들 역시 본문본승(本門本僧)의 위치에서 작용하고 있다고 설한다.

말하자면 법화경은 흙이나 돌로 만든 부처나 황권적축법(黃卷赤軸法) 삭발염의승(削髮染衣僧)이나 법보응신불(法報應身佛), 주행향지법(住行向地法)이 본래부터 누구나 부처고 법이고 스님이기 때문에 때와 장소를 가리지 말고 근기 따라 갖가지 방편을 베풀어 중생을 제도하라고 하였다. 관세음보살·묘음보살·약왕보살·상불경보살 같은 이들이 나와서 노래하고 춤추고 곡예하는 등 갖가지 방법으로 교화를 펴고, 묘장엄왕의 두 아들이 정법으로써 아버지 어머니를 제도하듯, 항마성도하면 그것이 곧 불법이라 말한 것이다.

그리고 끝으로 다보여래(多寶如來)에게 증명을 구했으니 이는 누구나 돌덩이가 탑이 되면 만인의 공경을 받고 탑도리의 대상이 되듯이 아무리 미련한 중생도 진리의 꽃을 보면 마음이 피어나고 열매를 맺게 되어 있으니 흔들림 없이 정진하라고 가르쳤다. 그러므로 8세 용녀가 성불하고 데바닷다 같은 악인도 성불하여 마침내는 초목성불(草木成佛) 토목성불(土木成佛)까지도 말하게 된 것 아니겠는가.

보현보살은 화엄경에서도 예경·찬탄·공양·공덕·수희·청법·수학·수순·회향으로 중생을 교화하였는데, 법화경에서도 법화행자들을 돕고 증명해주는 역할을 하고 있다. 깨달은 사람이 깨달은 자리에서 만족하지 않고 인연 따라 찾아다니며 중생을 교화하고 불사를 증명해야 된다는 것을 가르쳐 주고 있다.

6. 화엄경의 무진법문

화엄경은 40권 화엄과 60권 화엄·80권 화엄 세 부류가 있으나, 여기서는 80권 화엄을 배경으로 설명하겠다.

80권 화엄은 제1권부터 11권까지는 비로자나성불론으로 누구나 본래 성불되어 있음을 밝혔고, 12권부터 59권까지는 보살성불론으로 10신·10주·10행·10향·10지의 계단을 밟아 백억아승지겁 동안 수행하며 성불하는 내력을 밝혔으며, 60권부터 80권까지는 중생성불론으로 53선지식을 찾아 일생동안에 성불하는 일생성불론이다.

그러나 엄밀히 따지면 모두가 일생성불론이고, 다겁성불론이니 금생에 들어와 성불하는 것으로 볼 때는 일생성불론이지만 다겁 동안 바라밀을 수행한 공덕의 결과로 볼 때는 다겁성불론이 되는 것이다.

비로자나(毘盧遮那) 부처님은 광명변조(光明遍照)로써 우주에 충만해 있는 빛을 말하는데, 곧 모든 부처님들의 성품 곧 마음을 말한다.

"지혜는 3세에 두루하고, 몸은 세간에 가득하고, 음성은 시방세계를 따른다. 마치 허공이 여러 물상을 따르는 것같이 모든 경계에 차별이 없다.

그 땅은 견고하여 금강으로 이루어졌고 기엽이 무성한 보리수는 줄지어 빛났으며, 궁전은 넓고 크고 아름답고 그 사자좌는 연꽃으로 이루어졌다."

〈화엄경 세주묘엄품〉

"지혜와 몸, 음성이 시방세계에 가득하였다"는 것은 신·구·의 3업이 초시간 초공간 한 가운데 3세 시방을 따른다는 말이고, "그 땅이 금강보좌로 이루어졌고 기엽이 무성한 보리수로 빛나고, 넓고 큰 궁전에 사자좌가 놓여 있다"는 것은 누구나 성불한 사람은 네 가지 덕을 갖추는 것을 상징하니, 견고한 땅은 흔들림 없는 법신인(法身因)이고, 보리수는 깨달음이며, 만행인(萬行因)이며, 궁전은 대비의과(大悲果)이고, 사자좌는 대지(大智)의 인과인 것이다. 말하자면 비로자나 부처님은 오랜 세월을 보시·지계·인욕·정진·선정·지혜·방편·원·력·지의 10바라밀의 정행을 닦아 10불세계 미진수 부처님들을 공양하고 청법하고 설법하여 그 몸이 그렇게 되지 아니하면 아니 될 정도로 수행이 꽉 차 성불한 것이다. 39위 신장이 항상 그의 권속들과 함께 수행하는 가운데 최승세계·이구세계·풍일·섭취·요익·선소·환희·관약·지음세계를 다니면서 서로 다른 언어와 풍습 속에서 그들의 바른 뜻을 이해하고, 깊은 마음으로 교화하여 온갖 공덕과 복전이 가득 채워져 온 몸과 털구멍 하나하나에서 광명이 나타나 천지를 비쳤으니 이것이 바로 6근 6경에서 쏟아지는 육도사섭광(六度四攝光)이고, 계·정·혜 삼학광(三學光)인 것이다.

사람은 누구나 이 같은 공덕과 빛을 가지고 있는데, 일직이 성불하지 못하는 원인은 탐·진·치 3독에 얽혀 있고, 신·구

・의 3업이 거만과 의심, 사견에 꽉 차 있기 때문이라 하였다.

다음 보살성불론은 문수・보현이 중심이 되어 행과 지혜를 가르키는데 10신・10주로부터 52계단을 들어보면 다음과 같다.
처음 10신은 초발심 구도자가 가져야 하는 열 가지의 마음가짐을 말한다.

① 제 마음이 부처인 것을 확신하는 신심(信心)
② 불・법・승 3보와 계・보시・천을 생각하면서 닦고(念心)
③ 부지런히 선업을 닦는 정진심(精進心)
④ 마음을 편안하게 하는 정심(定心)
⑤ 일체사상을 분별하는 혜심(慧心)
⑥ 계행을 청정히 갖는 계심(戒心)
⑦ 선근을 연마 보리심으로 회향하는 회향심(廻向心)
⑧ 진리를 보호하는 호법심(護法心)
⑨ 몸과 재물을 아끼지 않는 사심(捨心)
⑩ 여러 가지 원을 발하는 원심(願心)

이 마음에 의해서 불도를 믿는 마음이 확실해지면 삶 또한 그와 같이 실천한다. 그것이 10주(住)다.

① 십신 속에서 샘이 없는(無漏) 삶을 하는 발심주(發心住)
② 빈 마음으로 마음 땅을 다스리는 치지주(治地住)
③ 만 가지 선행을 닦는 수행주(修行住)
④ 불법을 통해 귀해지는 생귀주(生貴住)
⑤ 자리이타에 부족함이 없이 편리를 제공하는 구족방편주

(具足方便住)
⑥ 몸과 마음을 바르게 가지는 정심주(正心住)
⑦ 날마다 더욱더욱 정진해가는 불퇴주(不退住)
⑧ 그릇된 소견이 없어지면서 천진난만해지는 동진주(童眞住)
⑨ 부처님의 가르침을 따라 지해(智解)가 투철해지는 법왕자주(法王子住)
⑩ 부처님 아들 딸이 되어 불법을 감당할만한 경지에 이른 관정주(灌頂住)

　이렇게 10주의 생활이 철저해지면 그 행 또한 철저해지게 되는데, 그것이 곧 10행이다.

① 법륜에 들어가 이타행을 하는 환희행(歡喜行)
② 항상 중생을 인도하고 도움을 주는 요익행(饒益行)
③ 잘 참고 남에 대해 화를 내지 않는 무위역행(無違逆行)
④ 큰 정진으로 중생들을 발심시키는 무굴요행(無掘撓行)
⑤ 무지 때문에 흐려지지 않게 하는 무치난행(無痴亂行)
⑥ 항상 불국토 안에 생을 나타내는 선현행(善現行)
⑦ 공·유(空·有) 2견에 집착하지 않는 무착행(無着行)
⑧ 얻기 어려운 선근을 성취하는 선근행(難得行)
⑨ 법을 설하여 남에게 베푸는 선법행(善法行)
⑩ 중도의 이치를 깨달은 진실행(眞實行)

　이 마음에 의해서 세상을 복되게 하는 10대회향심이 이루어진다.

① 일체중생을 구호하되 중생상을 여의고 회향한다(救護一切衆生離衆生相廻向)
② 선법을 흩으려 버리지 않는 불괴회향(不壞廻向)
③ 모든 부처님들과 똑같이 회향하는 등일체제불회향(等一切諸佛廻向)
④ 어느 곳이나 인연 닿는 데까지는 다 가서 회향한다(至一切處廻向).
⑤ 무진한 공덕으로 회향하는 무진공덕장회향(無盡功德藏廻向)
⑥ 모든 곳에 평등 선근으로 회향하는 입일체평등선근회향(入一切平等善根廻向)
⑦ 평등하게 중생들을 따라주는 등수순일체중생회향(等隨順一切衆生廻向)
⑧ 참되고 한결 같은 마음으로 회향한 진여상회향(眞如相廻向)
⑨ 매이지 않고 집착이 없이 회향하는 무박무착해탈회향(無縛無着解脫廻向)
⑩ 무진법계에 들어가 무량하게 회향하는 입법계무량회향(入法界無量廻向)

이렇게 공부하면 저절로 불지를 형성하며 자기자리가 잡히게 된다.

① 기쁜 마음으로 살아가는 환희지(歡喜地)
② 더러움을 여휜 이구지(離垢地)
③ 빛을 발하는 발광지(發光地)

④ 지혜의 불꽃이 솟는 염혜지(焰慧地)
⑤ 어떤 어려움도 이겨내는 난승지(難勝地)
⑥ 온갖 선행이 드러나는 현전지(現前地)
⑦ 이 세상 끝까지 진리의 향이 나아가는 원행지(遠行地)
⑧ 어떠한 경지에도 흔들림이 없는 부동지(不動地)
⑨ 옳고 그름을 판단하는 선혜지(善慧地)
⑩ 진리의 비를 내리는 법운지(法雲地)

이렇게 되면 여러 가지 삼매(十定)와 신통(十通)·인욕(十忍)을 얻어 부처님과 똑같이 수명을 누리게 되고, 보살들과 더불어 살면서 그 상호가 원만해져 등각(等覺) 묘각(妙覺)을 이룬다.

이렇게 공부가 성숙되면 선지식을 찾아 점검해야 한다. 화엄경 입법계품에는 한 사람의 수행자가 53선지식을 찾아 일생에 성불하는 과정이 나온다.

① 덕운비구(德雲比丘)
② 해운비구(海雲比丘)
③ 선주비구(善住比丘)
④ 미가장자(彌伽長者)
⑤ 해탈장자(解脫長者)
⑥ 해당비구(海幢比丘)
⑦ 휴사우바이(休捨優婆夷)
⑧ 구사선인(瞿沙仙人)
⑨ 승렬바라문(勝劣婆羅門)
⑩ 자행동녀(慈行童女)

⑪ 선견비구(善見比丘)

⑫ 자재주동자(自在主童子)

⑬ 구족우바이(具足優婆夷)

⑭ 명지거사(明智居士)

⑮ 법보계장자(法寶髻長者)

⑯ 보안장자(普眼長者)

⑰ 무염족왕(無染足王)

⑱ 대광왕(大光王)

⑲ 부동우바이(不動優婆夷)

⑳ 변행외도(辨行外道)

㉑ 육향장자(鬻香長者)

㉒ 바시라선사(婆施羅船士)

㉓ 무상승장자(無上勝長者)

㉔ 사자빈신비구니(獅子賓呻比丘尼)

㉕ 바수밀녀(婆須蜜女)

㉖ 비슬거라거사(鞞瑟胝居士)

㉗ 관자재보살(觀自在菩薩)

㉘ 정취보살(正趣菩薩)

㉙ 대천신(大天神)

㉚ 안주지신(安住知神)

㉛ 바산바연지야신(婆珊婆演底夜神)

㉜ 보덕정광야신(普德淨光夜神)

㉝ 희목관찰중생야신(喜目觀察夜神)

㉞ 보구묘덕야신(普救妙德夜神)

㉟ 적정음해야신(寂靜音海夜神)

㊱ 수호일체중생야신(守護一切衆生夜神)

㊲ 개부수호야신(開敷守護夜神)
㊳ 대원정진야신(大願精進夜神)
㊴ 묘덕원만야신(妙德圓滿夜神)
㊵ 구바석종녀(瞿婆釋種女)
㊶ 마야불모(摩耶佛母)
㊷ 천주광천녀(天主光天女)
㊸ 변우동자사(徧友童子師)
㊹ 중예동자(衆藝童子)
㊺ 현승우바이(賢勝優婆夷)
㊻ 견고해탈장자(堅固解脫長者)
㊼ 묘월장자(妙月長者)
㊽ 무승군장자(無勝軍長者)
㊾ 적정바라문(寂靜婆羅門)
㊿ 덕생동자(德生童子)
51 미륵보살(彌勒菩薩)
52 문수보살(文殊菩薩)
53 보현보살(普賢菩薩)

선지식이란 좋은 친구, 자신을 잘 알아주는 사람, 친구·벗을 말한다. 근본불교에서는 출가한 사람 가운데서도 식견이 높고 깨달음이 철저한 비구만을 중심으로 하는데, 대승불교에서는 비구·비구니·장자·우바이·바라문·동남·동녀·왕·뱃사공·거사·보살·신·여자·천녀 등 어떤 직업을 가진 사람이나 구분을 하지 않는다. 이것이 대승과 근본·부파불교와의 차이점이기도 하다.

비구 비구니는 출가 독신 걸사를 말하고, 장자는 부호·재산가·고귀한 집안사람을 말하며, 우바이는 재가신도, 바라문은 힌두교의 사제자(司祭者) 승려로써 학습 교습을 담당한 사람, 동남동녀는 아직 결혼하지 아니한 처녀와 총각, 왕은 나라의 최고지도자, 뱃사공은 사람을 날라다주는 선박업자, 거사는 집에 사는 선비, 보살은 위로 불도를 구하면서 밑으로 중생을 제도하는 불자, 신은 천신·지신·옥신·수신 등 예로부터 관습상 내려오며 섬겨오던 귀신, 여자는 일반 여자이고, 천녀는 하늘을 섬기는 사람들— 이것은 모두 비구 비구니가 꺼리고 멀리하는 것들인데 선재동자는 이를 통하여 깨달음을 얻고 중생을 제도하게 되었으니 대승불교의 넓고 큰 마음이야 헤아릴 수 있겠는가.

그러므로 범망경 대승보살계에서는 "소승을 가까이 하지 말고 소승심을 가진 자를 멀리 하고, 대승을 비방하지 말라"는 계율이 생기게 된 것이다.

7. 여래의 수명과 신통

그러면 그 여래의 수명과 신통은 얼마나 되는가. 사람의 수명은 일백세를 기준하여 백세를 넘으면 많이 살았다 하고, 오래 살았다 하는데, 화엄경에서는 성불한 사람의 수명을 사바세계와 극락세계의 수명에 비견하여 설명하고 있다.

"사바세계 석가모니 부처님의 1불찰 세계 1겁(약 320억년)이 극락세계 하루 밤 하루 낮에 해당되고, 극락세계 1겁이 가사당세계 1주야에 해당되며, 가사당세계 1겁은 불퇴륜음성륜

세계 1주야에 해당되고, 불퇴륜 1겁은 이구세계 1주야에 해당
되고, 이구세계 1겁이 선등세계 1주야에 해당되며, 선등세계 1
겁이 묘광명세계 1주야에 해당되고, 묘광세계 1주야는 난초세
계 1주야, 난초세계 1겁은 장엄세계 1주야, 장엄세계 1주야는
일체신통광명세계 1주야, 일체신통광명세계 1겁은 경광명세계
1주야에 해당되는데, 이렇게 백만 아승지세계 최후 승연화세
계의 1겁은 보현보살의 세계 1주야에 불과하다."

〈화엄경 여래수량품〉

그러면 아승지란 무슨 말인가. '아'는 없다는 뜻이고, '승지'
는 '수(數)'를 말하니, '수를 헤아릴 수 없다'는 말이다. 화엄경
아승지품에서는 이 아승지를 헤아리는 숫자를 125수로 들고
있다.

"1백 낙차(洛叉)가 1구지(俱胝)이고, 구지가 1아유다(阿庾多)
이며, 아유다가 1나유타(那由他)이듯 빈가라·긍갈라·아가라
·최승·마비라·아바라·다바라·계분·보마·미마·아바링
·미가바·비라가·비가바·승갈라마·비살라·비첨바·비성
가·비소타·비바하·바저·비기담·칭량·일지·일이로·일
전도·삼말야·비매라·해바라·사찰·주광·고출·최묘·니
라바·하리바·일등·하리포·하리삼·헤로가·달라보타·하
로나·마노타·참모타·벽라타·먀로마·조복·난교만·부동
·주량·아마달라·발마달라·가마달라·나마달라·헤마달라
·비마달라·발라마달라·시바마달라·예라·벽라·제라·게
라·쉐보라·니라·계라·세라·미라·사라다·미로타·계로
타·마리라·사모라·아야사·가라마·마가파·아달라·계로

사·벽라파·갈라파·하바바·비바라·나비라·마라라·사마라·태라보·미라보·자마라·태마라·발라마타·비가마·오파발다·연설·무진·출생·무아·아반다·청련화·불두마·승지·취·지·아승지·아승지전·무량·무량전·무변·무변전·무등·무등전·불가수·불가수전·불가칭·불가칭전·불가사·불가사전·불가량·불가량전·불가설·불가설전— 하여 불가설불가설전이 불가설의 배, 배수가 된다."

 이러한 숫자는 오래전부터 인도사람들이 사용해온 언어인데, 불교에서 인도의 전통적 수학을 응용하여 부처님의 수명을 증명한 것이다.
 그런데 인도사람들은 우리들이 평상시 놀려 말하는 "겁난다" 하는 그 겁의 숫자를 세 가지로 설명하고 있다.
 첫째 겁은 불석겁(拂石劫)이니 4방 80리 되는 큰 돌이 있는 동네사람이 죽어 장수천에 태어나 평균 인간수명으로 1백년에 한번 씩 안개와 같은 옷을 입고 와서 그 바위를 한 바퀴 돌고 가는데, 그 부드러운 옷에 그 바위가 다 닳아 없어지면 그것을 1겁이라 하고, 또 둘째는 개자겁(芥子劫)인데 사방 80리 되는 구렁에 겨자씨를 가득 채워놓고 백년 만에 한 번씩 와서 그 겨자씨를 하나씩 가져가 그 개자가 완전히 없어지면 그것을 1개자겁이라 한다.
 또 한 가지 증감겁(增減劫)이 있는데 사람의 수명이 길 때는 8400세를 살고, 짧을 때는 10세를 정명으로 하는데, 10세 정명일 때 사람의 키는 10cm쯤 되어 큰 고추나무에 그네를 매고 그네를 뛰다가 떨어졌으면 꼭 죽고 말텐데 하고 감탄한다 하였다.

그런데 그 쪼잔한 사람이 "왜 내가 이렇게 작게 생겨 보잘 것 없는 사람이 되어 뭇 중생들의 업신여김을 받고 사는가 관찰해보니 전생에 복을 짓지 아니한데 원인이 있었다.

그래서 그날부터 방생하고 보시하고 청정을 지키고 진실을 말하며 10선을 행하다 보니 100년 만에 한 살씩 키도 커지고 수명도 길어져 점점 자라 8만4천세에 이르게 되었다는 것이다.

그러나 8만4천세가 되면 키가 전봇대만 하고 의식이 풍족하여 복을 짓지 아니하므로 다시 100년 만에 한 살씩 되어 10세 정명으로 내려가게 된다. 이렇게 10세 정명에서 8400세까지 이르러 가는 시간을 1증겁(增劫)이라 하고, 8400세에서 10세 정명으로 내려오는 시간을 1감겁(減劫)이라 하는데, 한 번 올라갔다 한 번 내려오는 시간은 1증감겁(增減劫)이라 한다.

이것은 집에 가서 조심스럽게 틀리지 않게 계산해 보아야 할 일이지만, 대개 세상 사람들의 숫자로 헤아려 보면 320억 년이 걸리고, 미물곤충의 시간으로 계산하여 아승지·불가수·불가량이 된다 하였다. 하여간 부처님 수명은 이렇게 길고 부처님 옆에서 시봉하고 있는 보살들의 수명 또한 그와 같이 길다고 하는 것이다.

그러나 그 긴 수명이 무료하여 나태하고 걱정되는 것이 아니라 시방세계 중생들의 무수한 고뇌와 무명을 벗겨주다 보면 언제 그 시간이 갔는지 알 수 없다는 것이다.

하루살이는 하루에도 3대를 보고 가는데, 오전 11시쯤 되면 1대를 보고, 1시쯤 되면 2대를 보고, 3시쯤 되면 3대를 보고 가면서 사람들을 보고 "너희들은 평생에 나의 3만6천배를 넘게 살면서도 무엇하고 있느냐" 비웃는다는 것이다. 즐거우면

하루도 한 순간에 불과하고, 괴로우면 1시간이 1년처럼 긴 것이니 환희심을 가지고 보살도를 닦으면서 시방세계에 있는 불보살의 국토를 구경하며 무진법문을 들으면 지루하지 않게 살 수 있을 것이다.

8. 무진세계(無盡世界)와 무진법문(無盡法門)

부처님께서 처음 보리수 밑에서 성불하였을 때 시방세계에 계신 불보살들이 와서 친히 공양을 올리고 찬탄하였는데, 그때 오신 보살들의 말씀을 들어보면 이 세간 밖에 무진세계가 있음을 알 수 있다.

"화장장엄세계 동쪽에 청정광연화장엄세계가 있고, 그 속에 마니영락금강국토가 있으며, 그 나라에는 법수각화공무변왕 부처가 있고, 그 옆에서 시봉하는 보살이 무수하게 있는데 관찰승법연화당 보살이 세계미진수 보살들을 데리고 와 부처님께 공양하고 찬탄하였다."

이렇게 화장세계 남쪽에는 일체보월광명장엄장세계가 있고, 서쪽에는 가애락보광명세계가 있으며, 북쪽에는 비유리연화광원만장세계가 있고, 동북쪽에는 연부단금파이색당세계, 동남방엔 금장엄유리광보조세계, 서남방엔 일광변조, 서북방엔 보광조요, 하방에는 연화향묘덕장, 상방에는 마니보조용장엄세계가 있다 하였고, 이렇게 10억불찰미진수세계 보살들이 10억불찰미진수 부처님의 명령을 받고 10억불찰미진수 보살들을 거느리고 와 갖가지 공양구로 공양하였다고 하는 것이 화엄경 화장장엄세계품에 나온다. 뿐만 아니라 이들 모든 보살들이 삼매 속에서 부처님의 신가(身加) 구가(口加) 의가(意加)를 입어 그들 모든 세계가 물과 바람과 산을 의지하여 존재하고 있다는 것을 알게 되고, 그 세계 밖에 10계(界) 20종 세계와 십중백해(十重百海)가 있으며, 그러한 세계가 무진하게 뻗어있는데, 그 가운데 비로자나 부처님이 전생에 여러 가지 선행을 닦아 바라밀선안장엄왕으로 출세하여 아들 위광동자를 데리고 명칭보문연화인당불께 공양하여 수기를 받고 성불하게 되었다는 내력이 화엄경 비로자나품에 상세히 나오고 있다.

그러므로 보살수행자는 각기 다른 나라에서 설하는 4제법문을 잘 이해하고 불보살이 말없는 광명법문으로 시방세계 중생들에게 설하는 법문을 잘 이해하여 각수보살처럼 바른 진리를 이해하고, 재수보살처럼 깊은 교리로 중생을 교화하고, 깊은 신심과 복전으로 중생들의 교화를 도와야 성불의 길이 빨리 열린다 하였다.
왜냐하면 보살이 이와 같이 불보살과 선지식을 따라 공부하면 누구나 삼매 속에서 10정·10통·10인을 얻어 저절로 제 마음이 밝아지기 때문이다.

십정을 얻으면 우선 마음이 밝아져 널리 몸과 마음에서 빛이 나고, 그 묘한 빛이 차례를 따라 모든 불국토에 나아가 깊고 깨끗한 행을 일으켜 3세의 일을 알림으로써 그를 보는 사람들이 다 같이 깨달음을 얻게 된다.

말하자면 남의 마음을 아는 타심통과, 모든 것을 볼 수 있는 천안통, 전생의 일을 훤히 아는 숙명통, 빠짐없이 세밀하게 아는 지진통, 온갖 소리를 들을 수 있는 천이통, 온갖 말을 이해할 수 있는 언음통, 그리고 온갖 색신이 장엄되는 색신장엄통과, 색·성·향·미·촉·법이 각각 신통을 나타내는 법지통을 이해하고, 항상 무진삼매에 들어서 음성인(音聲忍)·순인(順忍)·무생법인·환인(幻忍)·염인(焰忍)·몽인(夢忍)·향인(響忍)·영인(影忍)·화인(化忍)·공인(空忍)을 정통함으로서 일체 불보살이나 중생이나 세계에 집착하지 않고 갖가지 작용을 일으킬 수 있다는 것이다.

그러므로 시방세계 내외 향수해(香水海) 속에서 불사를 일으키고 있는 비로자나 부처님과 노사나 부처님·석가모니 부처님·약사·미타·자씨미륵 부처님과 금륜보계치성광여래, 청량산 문수보살, 아미산 보현보살, 금강산 법기보살, 낙가산 관세음보살, 칠진산 대세지보살, 염바라유명계 지장보살을 찾아 공양하고 함께 교화를 펴게 된다는 것이다.

옛말에 알아야 면장을 한다는 말이 있는데, 세계와 중생도 근기를 알아야 제도할 것이 아닌가. 물론 위빠사나를 통해 4선8정을 닦고, 4아라한(수다원·사다함·아나함·아라한)을 증득한다 하더라도 자기와 세계에 대한 이치를 통달해야만 중생을 교화할 수 있다고 한 것이다. 자동차를 타고 기차를 타고 비행기를 타면 빨리 가고 멀리 간다는 것은 알 수 있으나, 직접 운전을 배워 차를 몰고 기차 비행기를 타고 무수한 중생들을 태워 운반해주는 보살만은 못한 것이다.

그러므로 부처님도 나, 내 것만을 위해서 공부하는 사람은 소통인(小通人)이라 하고, 우리와 세계, 우주와 중생을 위해서 헌신하는 이를 대통인(大通人)이라 한 것이다.

대승불교는 부처님과 같이 대통인을 위해서 만들어진 불교이지, 한 지역 한 사람만을 위해서 만들어진 것이 아니다.

알렉산더대왕의 헬레니즘문화가 형성된 이후 북인도 아프가니스탄과 파키스탄 일대에는 동서문화가 교유되면서 내것 네것을 가리지 않고 좋은 것이면 무엇이나 따라 칭찬하고 더불어 살 수 있는 생활풍습이 이루어졌으니 이것이 부파불교에서 만들어진 비구 250계나 348계, 더 나아가서는 범망경에서 말한 10중대계 48경계가 문제가 아니라 좋은 일이면 무엇이고 다 따라 하는 섭선법계(攝善法戒) 섭율의계(攝律儀戒) 섭중생계(攝衆生戒)가 생겨나게 된 것이다.

소승불교에서는 지옥・아귀・축생하면 나쁜 곳으로 생각되어 말만 들어도 듣기 싫어하지만, 대승불교가 생긴 뒤부터서는 악도에 들어가야 악인을 구제하고, 악한 세계에 나아가야 악한 세계를 불국토로 만들 수 있다하여 자진해서 들어가는 풍습이 생기게 되었다. 이것이 지장보살 신앙이고, 대성인로왕보살이며, 염라국에서 죄인을 심판하면서도 불경을 외우는 염라대왕이 나타나게 된 것이다.

이렇게 대승불교의 경전들을 낱낱이 설명하려면 끝도 갓도 없으므로 대강 이것으로써 마치고 다음은 대승불교의 논전들 몇 가지를 들어 설명하겠다.

여러 가지 논전들

1. 실상론과 연기론

 이와 같이 근본불교가 부파불교의 바람을 타고 대승불교로 비약함으로써 예기치 아니했던 부파불교에서는 대승적 논리를 전개하면서 실상·연기 양론시대로 접어든다.
 말하자면 이 세상의 모든 존재는 인과 인연속에서 가상(假想)으로 나타난 것이냐 아니면 실제적인 존재로 상주하는 것이냐 하는 것을 놓고 의논하였을 때 실상론파에서는 우주 인생의 실상이 존재하기는 존재하는데 단지 그 모습이 비어 있을 뿐이다 하였다. 말하자면 만유본체를 법성·진여·실상이라고 말하는데, 사실적인 면에서 보면 일신(一身)·일여(一如)·일상(一相)·무상(無相)이 되고, 법신의 입장에서 보면 법증(法證)·법위(法位)·열반(涅槃)·무위(無爲)가 되며, 진실여부에서 보면 진제(眞諦)·진성(眞性)·실성(實性)·실제(實諦)라 한다. 이름은 달라도 본체는 하나가 되기 때문이다.
 또 공·가·중 3제의 이치에서 보거나 진여의 이치에서 보면 공제(空際)가 되고, 가제(假際)의 입장에서 보면 실상이 되며, 법제의 입장에서 보면 중제(中際)가 된다.

경전으로 말하면 법화경에서는 제법실상을 설하는데, 화엄경에서는 무진법계를 설하고, 해심밀경에서는 진여 또는 무위라 하고, 반야경에서는 반야가 불모(佛母)가 된다 하였다. 그리고 능가경에서 여래장이라고 말하고, 열반경에서는 본성이라고 설하며, 아함경에서는 열반이라고 설하니, 모두가 그 입장을 조금씩 달리하는데서 나온 말이다.

실상을 관하는 데 있어서도 점찰경에서는 진속 2제만 관하면 된다 하고, 밀교에서는 월륜관 금강관 5대관을 각각 관하라 하였다. 겉모습에 집착한 사람은 속을 보라하고, 속 모습에 집착한 사람에겐 겉을 보라 하는데, 실상 이 세상 모든 존재는 인연 속에서 나타난 것이므로 진공묘유(眞空妙有)가 그 실상이 되는 것이다. 변해가면서도 변치 않고, 변치 않으면서도 변해가는 것은 물과 파도와 같다. 바람이 불면 파도가 일어 물과 같지 않지만 바람만 자면 파도가 가라앉아 파도가 그대로 물이 된다. 문제는 한 생각 바람이다. 그런데 사람들은 바람을 재우려하지 않고 오직 물과 파도만 논하기 때문에 세상의 시비가 그치지 않는다.

다음 연기론은 이 세상 모든 것이 인연 따라 일어난다는 이치를 설명하는 것인데, 구사론처럼 업에 의해서 일어난다 하면 업감연기론(業感緣起論)이 되고, 전생의 씨앗을 배경으로 아뢰야식 속에 들어있던 씨앗이 나타난 것이라 보면 유식학의 아뢰야식연기론(阿賴耶識緣起論)이 된다. 그러나 그 아뢰야식이 진짜냐 가짜냐 하는 입장에서 보면 진짜도 가짜도 아닌

참되고 한결같은 마음이다 하면 기신론의 진여연기론(眞如緣起論)이 된다.

그리고 그 연기가 일인일기에서 끝나는 것이 아니라 만유가 서로 연관을 가지면서 나타난다고 하면 화엄경의 법계연기(法界緣起)가 된다. 전체적(總)인 면에서 보면 하나의 집이지만 개별적(別)인 면에서 보면 기둥 서까래가 각각 그 기능이 다르다. 그러나 같은 목적을 가지고 모여 있으면 동상(同相)이 되지만, 각각 그 기능이 달라 기둥은 받치고 있고 서까래는 누워있으니 이상(異相)이다. 그러나 이렇게 해서 지어진 집이 한 번 이루어지면(成) 언제나 그대로 있는 것이 아니라 시시때때로 변하여 언젠가는 부서지게(壞) 되어 있으므로 총별·동이·성괴 6상원융의 이치에서 이 세상 모든 것이 이루어졌다 부서졌다 하고 있는 것이다.

그러면 그들의 원소가 무엇으로 되어 있는가. 그것이 곧 지·수·화·풍·공·식 6대로 형성되어 있다고 보는 것이 밀교 계통(대일경·금강정경)의 6대연기론이 되는 것이다.

이와 같이 같은 세계도 보는 눈이 안을 중심으로 하느냐 밖을 중심으로 하느냐에 따라 연기·실상 양론으로 구분되는데, 한때 불교는 이 양론 속에서 교리적으로 무진한 발전을 가져오게 된다. 실제 불교철학은 이 양론 속에서 그 실상을 볼 수 있다.

그러나 선은 직관(直觀)을 통해 이를 통철(通徹)하는 것이므로 세계의 모든 불교가 요가·위빠사나·선관으로 통일되어 가고 있는 느낌이다. 그래서 불교는 윤리 도덕학이면서도 윤리도덕이 아니고, 철학·교육이면서도 철학·교육이 아니고,

종교적인 측면에서 보면 분명 이고득락(離苦得樂)의 종교이지만 신과 인간과의 관계에서 보면 종교도 아니라는 말이 나오게 된 것이다.

2. 무착 천친의 공사상과 불교 인식 논리학

아상가(무착)와 바수반두(천친)은 북인도 간다라 지방의 수도 페샤와르 브라만 가문에서 태어났다. 아버지는 카니슈카왕(교시가)을 가르치는 국사였고, 어머니 비린치는 유서 깊은 가문 출신이다. 동생 비린치바차(사자각)와 바수반두는 일찍이 소승 화지부(化地部)에 출가해 있었다.

아상가는 내성적인 성격으로 만년설이 덮인 히말라야의 깊은 산 암자에 있으면서 명상하다가 금강경을 읽었는데 도대체 이해가 잘 되지 않았다. 그래서 미래의 부처가 될 미륵보살에게 기도하였다. 3년을 넘게 하는데도 감응이 없어 거의 절망상태에 빠졌다가 멀리 떨어진 마을에 가서 요구르트를 구해 오는데 비루먹은 강아지가 다 죽어가는 것을 보고 조금 주었더니 발우 속에 있는 것까지 다 먹어버리고 깡충깡충 뛰어갔다.

그러나 자신은 배가 고픈데도 병든 강아지를 살렸다는 기쁨 때문에 조금도 배가 고픈 것을 느끼지 않고 열심히 정진하니 비몽사몽간에 마이트레이야(미륵)이 나타나 "병든 짐승에게까지 약을 줄 수 있는 자비심이 생겼으니 나를 따라 오너라" 하고 손을 내밀어 잡으니 금방 아유타국 강당에서 석달

동안 80행 게의 글을 일러 주었다. 그것이 곧 금강경의 공 도리를 해설해준 것이었다. 자신은 그것을 가지고 내려와 삶의 진실을 밝히는 18주위(住位)를 형성하고 유가사지론을 지어 아유차 교상미에서 대승의 법상을 펴면서 동생 천친이 소승에 빠져 헤어나지 못하고 있는 것을 안타깝게 생각, 병을 핑계하여 만나게 되었다.

"죽기 전에 내가 너를 한 번만 만나보고 죽어도 한이 없겠다. 승려로서가 아니라 형제의 의리로써 만나고자 한다."

이 편지를 받고 동생이 찾아왔다.

"보라. 3계는 불난 집과 같아 중생들이 생사번뇌에 헤매고 있는데 너만 홀로 좋으면 무엇 할 것이냐. 네가 구사론을 지어 설일체유부를 박(迫)한 것은 잘한 것이다. 그러나 그런 이론만 가지고 세상을 구하는 것은 아니다. 진실로 깨달은 사람은 진리를 펴야 한다."

바수반두는 아요다야(고구라강변 라크노의 동쪽 12km 지점) 강변에서 70진실론을 지어 스승 아크리아를 절복한 사카학파의 거두 인드야파샤를 때려눕힌 이야기며, 캐시미르에 가서 스칸일라에게서 발지론과 비바사론을 듣고 600송 구사론을 지어 경량부의 학설을 때려 부순 일과, 그 뒤로 상가비드라가 구사박론(俱舍雹論)을 지어 2년 동안 자신을 따라 다니던 일을 자랑하였다.

아상가는 자기 경험을 토대로 이야기하였다.

"바수반두야. 나는 처음 설산에서 공부하다가 공에 대한 이해가 잘 안되어 눈물(氷水)에 뛰어내려 푸르바 비데하까지 흘러 내려갔는데 설일체유부의 핀돌라스님이 나를 건져 살게 되었다. 스님이 물었다.

"자네는 무엇이 큰 문제인가?"

"대비바사론에서 말하는 공입니다."

"공이란 생멸무상(生滅無常)을 깨뜨리는 것 아닌가. 그래서 부처님께서 제행무상 제법무아라 한 것이지. 자네는 지금 죽는다고 죽음 뒤의 문제도 확실히 모르고 있어. 그런데 고통중생들의 속을 알 수가 있겠는가."

그런데 그 뒤 나는 약 1년 동안 공부를 하다가 새로운 경지에 부딪치게 되었지. 이 세상 모든 것이 텅 빈 공이라면 공을 깨달아 무엇 할 것인가. 그 뒤 병든 개를 만나 진짜 자비가 무엇인지 알게 되었고, 진짜 사랑을 베풀다 보면 배고픈 줄도 모르게 된다는 것도 알게 되었지. 그 뒤로 미륵보살을 만나 80행 게를 들은 뒤부터는 6근・6경・6식이 모두 공 가운데서 운전되고 있다는 것을 깨달아 이 세상의 모든 집착을 털어버리게 되었어. 그런데 자네가 일체유부종의 법에 걸려 있는 것을 보고 내가 병이 나지 않겠는가. 부파불교의 학설은 아공(我空)을 깨닫는 데는 다소 도움이 되지만 법공(法空)을 깨닫기에는 아직 부족한 점이 있으며, 대승불교의 공 도리도 잘못 알면 허무에 빠지게 된다는 것을 알아야 하네. 참된 마음은 절대로 변치 않지만 한결같은 마음을 따라 3계 25유가 생겨난 것이네. 이런 도리를 모르고 사는 중생들 학자들이 있는데 거기에 빠져 중생들을 외면하고 살아서야 되겠는가!"

"형님. 저는 참으로 미련한 놈입니다. 업보사상을 벗어나서 오직 나 혼자만 아라한이 되려고 노력했으며, 불교성전에 집착하여 달을 가르키는 손가락만 붙들고 몸부림쳤습니다. 내가 전문적으로 불교를 연구한 것은 다행이지만, 그 다행한 마음

때문에 대승불교를 매우 비방하였으니 그 죄가 산과 바다와 같습니다. 이 세치의 혀를 놀려 끝없이 비방하였으니 이 혀를 잘라버리겠습니다."

하고 칼을 들었다. 그때 아상가가 말했다.

"그게 바로 소승이야. 이 혀로 사람을 비방하고 법을 헐뜯었으면 이 혀를 가지고 칭찬하면 혀도 좋고, 사람도 좋게 될 것 아닌가. 이것이 대승이네."

그리하여 두 사람은 뜻을 같이하여 대승불교를 펴는데 전심전력하였다.

아상가는 그 뒤로 현양성교론·대승아비달마비바사론·섭대승론·대승장엄경론 등을 지어 대승불교를 적극적으로 펴다가 75세로 왕사성에서 죽었고, 동생 바수반두는 십지경론·유식론송·섭대승론석·승사유범천소문경론·불생론·금강반야경론(27의단)·경정장론·묘법연화경우바제사·무량수경우바제사 원생계 등 천 권이 넘는 책을 써서 대소승불교의 정통한 논사가 되었다.

이와 같이 파키스탄(북인도)·부르사부라(페샤와르)에서는 불교의 학승들이 줄을 이어 나왔고, 특히 대승불교를 실천하는 운동가들이 많이 모였다. 오늘날 티베트 불교가 정치적으로는 피난민 신세를 면치 못하고 있지만 그 피난민 신세로써 세계인민을 교화하고 있는 모습은 곧 대승불교의 자비선(慈悲禪)에 흔들림 없이 서 있기 때문이다.

대승불교란 다른 것이 아니다. 소승불교의 공사상에 대승보살도의 원행사상(願行思想)을 가미한 것이니 소승적인 이론불교를 대승적인 실천불교로 살린 것이다. 여기에 무슨 재가 출가가 있고 해탈 구박이 있으며, 유정·무정이 있겠는가. 남방 인도의 원시근본불교에 적극적 포교의 날개를 달고 세상의 복전(福田)을 위해 헌신 노력하는 불교를 대승불교라는 이름으로 재탄생한 것에 불과하다는 것을 깨달아야 할 것이다.

3. 용수보살의 통불교와 원효대사의 화쟁론

용수(Nāgārjuna) 보살은 남인도 출신이다. 어려서부터 총명하여 4베다와 천문·지리 등 모든 학문에 정통하였다. 일단 세속적인 학문을 마치고 무엇을 할 것인가 생각하다가 모든 학문의 마지막 즐거움이 이성에 있다 생각하고 도반 두 사람과 함께 변신술로 궁중에 들어가 수많은 여인들을 건드려 욕락을 취하다가 발각되어 두 사람은 그 자리에서 죽고 용수는 출가하여 부파불교 3장을 통요 하였다. 그러나 이에 만족하지 않고 북인도로 가 법화경을 공부한 뒤 다시 용궁에 이르러 10종 화엄경을 보고 비로소 신불교(대승불교) 운동을 전개한 분이다.

부처님의 3업은 이 우주에 충만해 있지만 이를 보고 듣지 못한 사람은 보살도(10주·10행·10향·10지의 수행)를 통해 3아승지겁 동안 수행하여 등각 묘각을 얻고, 그렇지 못한 사람은 선재동자가 53선지식을 찾아뵙고 성불한 것처럼 고행난행을 통해서 깨달음을 얻을 수 있다고 주장하고, 재래 인도에 있던 1억4천8백의 모든 신들의 대장들을 상·중·하로 분배하여 39위신장으로 묶어 부처님을 찬탄하고 자비의 행을 닦는 방법을 가르쳐 주었다.

말하자면, ① 금강신(金剛神) ② 신중신(身衆神) ③ 족행신(足行神) ④ 도량신(道場神) ⑤ 주성신(主城神) ⑥ 주지신(主地神) ⑦ 주산신(主山神) ⑧ 주림신(主林神) ⑨ 주약신(主藥神) ⑩ 주가신(主稼神) ⑪ 주하신(主河神) ⑫ 주해신(主海神) ⑬ 주수신(主水神) ⑭ 주화신(主火神) ⑮ 주풍신(主風神) ⑯ 주공신(主空神) ⑰ 주방신(主方神) ⑱ 주야신(主夜神) ⑲ 주주신(主晝神)은 하계호법선신(下界護法善神)이고,

⑳ 아수라왕(阿修羅王) ㉑ 가루라왕(迦樓羅王) ㉒ 긴나라왕(緊那羅王) ㉓ 마후라가왕(摩睺羅迦王) ㉔ 야차왕(夜叉王) ㉕ 용왕(龍王) ㉖ 구반다왕(鳩槃茶王) ㉗ 건달바왕(乾達婆王)은 중계팔부 신장이다.

그리고 ㉘ 월천자(月天子) ㉙ 일천자(日天子) ㉚ 제석천왕(帝釋天王) ㉛ 야마천왕(夜摩天王) ㉜ 도솔천왕(兜率天王) ㉝ 화락천왕(化樂天王) ㉞ 타화자재천왕(他化自在天王) ㉟ 대범천왕(大梵天王) ㊱ 무량광천(無量光天) ㊲ 변정천(遍淨天) ㊳ 광과천(廣果天) ㊴ 대자재왕(大自在王)은 상계욕색제천중(上界欲色諸天衆)이다.

이뿐이 아니라 화엄경에는 3천대천세계(百億明世界)가 하나 둘이 아니라 시방세계에 꽉 차 있어서 불불(佛佛)이 서로 통하고, 보살들이 왕래하여 일진법계(一眞法界)로 꽉 차 있다고 설명하였다.

마치 이 세계는 총·별(總·別), 동·이(同·異), 성·괴(成·

여러 가지 논전들 161

壞)의 원리에 의하여 서로가 주종관계를 유지하고 있으면서 끝없이 성·주·괴·공(成·住·壞·空)하고 있는데, 이 모든 것을 부처님의 눈으로 보고 열어 깨달아 들게 하고 있는 것이 법화경이요 화엄경이라고 가르쳤다.

부파불교(소승)가,
① 아라한을 목적으로 하는 성문사상과
② 업보윤회의 고를 여의고자 하는 업보사상,
③ 자기 개인만의 인격 완성을 위해서 수행하는 자리주의,
④ 아함의 글귀에 걸려서 사물의 진짜 이치를 잘못보고,
⑤ 이론에 이론을 거듭한 학문적 경향이 많고 실천이 희박하였으며,
⑥ 나를 버리고 출가 하였음에도 불구하고 세상을 돌아보지 않는 소극적인 불교인 것을 보고,

① 성불을 목적으로 하는 보살사상과
② 원행(願行)을 기초로 하는 적극적인 행동불교를 취향하였으며,
③ 일체중생을 구하고자 하는 사회 이타주의 불교를 제창하였다.
④ 모든 행동을 반야공사상을 중심으로 무상(無相)·무주(無住)·무착(無着)으로 적극적인 행을 개발하고,
⑤ 이론과 학문을 실천신앙의 토대로 삼고,
⑥ 재가출가를 논하지 않고 제일의적(第一義的)인 높은 입장에서 모든 것을 판단하였다.

그래서 그는 대품반야경을 대지도론으로 주석하고, 십주비바사론으로 화엄10지를 풀이하였으며, 중론·십이문론·보리자량론·회쟁론·보행론 등을 지어 세상을 평화롭고 아름다운 불국정토로 만드는데 온 힘을 기울였다. 남의 잘못을 파헤치는 것보다는 법계를 찬탄하는 찬법게송, 정치지도자들이 계를 잘 지키게 하는 권계왕송, 넓고 큰 원을 세워서 이 세상을 복되게 하는 광대발원송 등을 지어 후배들을 본받게 하였다.

원효대사(617~686)는 신라 때 경남 출신으로 648년 황룡사에 출가하여 자기집을 희사하여 초개사(初開寺)라 하고, 진덕여왕 4년 의상과 함께 중국으로 유학 가다가 당황성 고흥에서 촉루수를 마시고 도를 깨닫고 정·부정(淨·不淨)이 둘이 아닌 줄을 알았다. 이어 분황사로 돌아와 통불교적 분황종을 만들고 자찬훼타계(自讚毁他戒)를 지어 자기를 칭찬하고 남을 헐뜯는 일을 하지 못하게 하였다.

그리고 금강삼매경론(金剛三昧經論)을 지어 삼매의 깊고 낮음과 넓고 좁음을 설하고, 마지막엔 십문화쟁론을 지어 이 세상이 시비없는 평화를 성취하도록 가르쳤다. 이제 그 십문화쟁론을 간단히 소개하면 다음과 같다.

① 삼승과 일승이 화쟁한다. (三乘一乘和諍論)
② 공과 유, 두 가지 집착이 화쟁한다. (空有二執和諍論)
③ 불성유무가 화쟁한다. (佛性有無和諍論)
④ 사람과 법이 화쟁해야 한다. (人法二執和諍論)
⑤ 삼성(圓性·依他·邊計) 이의 화쟁론(三性異義和諍論)
⑥ 오성(성문·연각·보살·불·不定性) 성불화쟁(五性成

佛和諍論)
⑦ 2장(번뇌·소지) 이의 화쟁론(二障異義和諍論)
⑧ 열반이의 화쟁론(涅槃異義和諍論)
⑨ 불신이의화쟁론(佛身異義和諍論)
⑩ 불성이의화쟁론(佛性異義和諍論)

말하자면 1승이니 3승이니 공이니 유니, 3성·5성, 2성·2집이 모두 상대성 논리를 바로 인식시키기 위한 방편으로 설해진 것이지 반목된 논리가 아니라는 것과, 불성과 불신, 열반 또한 같은 의미에서 설해진 것이니 그것을 가지고 분쟁을 해서는 안된다는 말이다.

4. 티베트 불교와 몽골 불교

티베트 불교와 몽골 불교는 라마교(Lama ; 喇嘛敎)다. '라마'란 스승으로 고승의 존칭사다. 그런데 후세에는 일반인에게 다 통하는 보통명사로 썼다.
 티베트는 중국의 서남부에 있으므로 서장(西藏)이라 불렀다. 최근에는 중국에 소속되어 북은 신강성·청해성, 동은 사천성, 남은 네팔·부탄·인도를 접하게 되었다. 전 지역이 산악·계곡·사막지대로 이루어져 위에는 천년설이 있는가 하면, 밑에는 눈이 녹아 곳곳에 호수를 형성하고 있어 목축과 농업에 종사하기 알맞다. 오래전부터 장원제(莊園制)를 사용하여 라마승들이 주체를 이루었으므로 13세기부터 달라이라마가 정치·종교 양면의 왕이 되어 나라를 다스려 왔다. 일찍부터 서울 라사를 중심으로 동서 사방으로 대상로(隊商路)가 건설되어 세계 각국의 문물을 받아들이기는 했으나 톰미(Thom-mi) 성자가 인도에 들어가 범어불전을 번역하고 8세기 중엽에는 나란타사에 있던 연화상사를 모셔 라마승단을 조직 비밀불교를 펴기 시작하였다.

11세기에는 몽골에 법을 전하고 13세기에는 쿠빌라이(忽必烈)가 북경에 라마사원을 크게 세우고 정교를 겸전해 폈다.

근본 부파불교의 4제 12인연의 교리도 가르치지만 용수·무착 등의 사상을 범신론적 밀교로 받아들여 유신교 처럼 만들었으며, 특히 아촉불(阿閦佛) 신앙을 돈독히 하여 관음·미타가 그의 화신이라 생각하였다.

주문은 주로 "옴 마니 반메 홈"인 육자대명왕(六字大明王) 진언을 외웠으나 명나라 때 이르러 배척을 받았다.

대장경은 칸쥬르와 탄쥬르 두 가지로 구분하였는데, 칸쥬르는 부처님께서 설하신 경·율이 중심이고, 탄쥬르 논부가 중심이다.

그러므로 전문적인 불교 이외에도 논리·심리·윤리·의방·공예·언어 등 다양한 학문이 포함되어 있고, 불교교리 이외에도 사전(史傳)·교훈·문학·민속관계 자료들이 많이 들어 있다. 그런데 이들 모든 경전이 대부분 산스크리트 원전을 사용하여, 산스크리트 원전이 없어진 이후의 불교는 티베트 대장경을 으뜸으로 치고 있다. 뿐만 아니라 오랜 세월 중국과의 인연으로 한역대장경을 갖고 있어 세계불교를 연구하는데 중요한 자료가 되고 있다.

이들은 일찍부터 자음 3개와 모음 4개를 가지고 왼쪽에서 오른쪽으로 써 유두체(有頭體 ; 楷書體) 무두체(無頭體 ; 行書體)로 내려오다가 7세기 인도문자를 모방하여 8세기 초에 정자법(正字法)을 만들었다. 그러나 그것이 지금까지 큰 변화없이 사용되고 있다. 여기서 파생된 것이 파스파(Hpags-pa ; 원나라 글자) 문자와 레프챠(Lepcha ; 시킴·네팔 등) 문자이다.

티베트 불교의 특징은 대장경 이외에도 불교미술과 조각·건축에 큰 관심을 가져 그것이 동북아시아 불교에 큰 영향을 끼쳤다.

기본은 중인도 나란타사 불교에서 기원을 찾을 수 있으나 원나라 시대에 라마교를 국교로 삼으면서 대형 라마탑이 곳곳에 건립되었는데, 그 유적은 지금 하북서 묘응사(妙應寺)의 백탑(白塔) 등이 그 모델이 되어 있다. 불상으로서는 석가상 이외에 여러 부처님 상과 밀교적 성격을 띤 인도의 토착신들이 많이 그려졌으며, 명·청 이후에는 중국의 산수화 수법이 도입되어 조사상(祖師像)을 그리는데 독특한 풍(風)을 형성하고 있다.

몽골은 몽골민족에서 연유 되었는데, 칭기즈칸 이후에 전 세계적으로 그 이름이 퍼지게 되었다.

아시아 동북 흥안령으로부터 북쪽은 시베리아, 서쪽은 8성, 남쪽은 중국에 이르도록 반 이상이 사막으로 형성되어 있다.

일찍이 티베트에서 건너온 씨왕초(Shivantso) 스님과 그의 스승 바담주나 반디디가마씰라, 아티사보살등이 들어와 불교를 널리 퍼뜨렸다. 그 다음에는 쫑까파 스님이 불교를 개혁하고 탄트라의 가르침을 체계 있게 정리하고, 그 다음에는 5세 달라이라마인 롭산잠초, 롭산초이지잘산 등이 들어와 불교를 펼쳤다.

그러나 실제 몽골불교를 완성한 사람은 자나바자르 법왕이다. 1635년에 태어나 4살 때 할하 잠발린 법왕에게 계를 받고, 다섯 살 때 바즈라지리에 올랐으며, 다섯 살에 롭산 담비잔살 발삼보가 되었고, 15세에 티베트에 유학하여 따시훈베·세라·간단사원을 방문하여 박찬복드에게 '금구름'이란 호를 받았다. 21세에 초이지잘산법을 계승하고 만주왕 엔흐 암갈란을 교화한 뒤 본국에 돌아와 불교의식을 개발하고 의례를 창조한 뒤 몽골문자 소욤보문자를 창제하였다.

이로부터 몽골불교는 티베트불교와 형제처럼 지내면서도 완전히 독립된 불교왕국이 되었다. 건축과 불상·불화는 거의 티베트불교를 닮았으나 자나바자르의 독특한 솜씨가 세계적인 유산을 마련하였다. 불상 불화의 특이한 모습이라든지, 몽골스님들만이 입고 다니는 옷은 모두가 자나바자르의 작품이다.

비밀불교의 실상

비밀불교는 인도불교의 명멸기에 나란다대학으로부터 시작된다. 원시근본불교는 석가여래의 정법실현을 중심으로 1백년 이상을 순수하게 내려왔으나 부파불교가 생김으로부터 근본·부파 20부파가 난립하면서 재래 인도사상과 접합하여 요가를 중심으로 한 유가사지론이 만들어지고, 베다를 배경으로 한 제례의식이 싹트면서 불교의 순수한 행은 거의 없어져 버리고 외도 이단의 불교가 새롭게 자리를 잡게 되었다.

더군다나 북인도를 배경으로 서양문물과 교합한 불교는 이집트·그리스·로마의 여러 신화와 중국·티베트·몽골 민속신앙과 접합하면서 미신화하고 우상화되어갔다.

이때 즉신성불을 표본으로 한 밀교가 대승사상의 바람을 타고 만다라를 이루어 새로운 경전을 만들어 냈으니 그 이름이 대일경(大日經)이요, 금강정경(金剛頂經) 등이다.

이들은 법신 부처님을 대일여래(大日如來)로 정하고 보신과 화신의 상·용(相·用)을 밝혀 법·보·화 3신 여래의 불교를 동체(同體)·별체(別體)로 설명하고, 그의 덕성을 통해서 세상의 어두움을 제거하고 광명세계를 만드는 학설을 정립하였다.

말하자면 이 우주의 본체는 지(地)·수(水)·화(火)·풍(風)·공(空)·식(識) 6대인데, 이것의 이합집산(離合集散)에 의해서 이 세상 모든 것이 만다라(曼茶羅)를 형성하고 있으니 이 도리를 잘 알아서 몸과 마음과 입을 쓰면 그대로 이 몸이 법신대일여래(法身大日如來)가 되어 천하가 밝아지고 말씨가 뜻대로 이루어진다 하였다.

그러니까 입으로는 진언을 외우고, 뜻으로는 단정히 앉아 호흡을 조절하면서 명상하면 뜻의 비밀이 상통하여 몸이 그대로 밀행을 실천하게 된다는 것이다.

그렇게 하려면 먼저 깨닫는 마음(菩提心)을 일으키고, 깨닫는 마음을 닦아 금강불괴심을 증득하여 원만한 보리심을 이루어야 한다는 것이다.

우주의 문자는 본불생(本不生)의 아(Anutpada), 언어를 떠난 바(Vac), 이구진(離垢塵)의 라(rajas), 인연을 떠난 하(hetu), 허공과 같은 카(kha)로서 지·수·화·풍·공의 5대, 황·백·적·묵·청 5색과 4각·원통·3각·반달·보주 5형을 만들어 단전 밑·배꼽·심장·미간·정상의 5처신을 통하게 하면 만사가 형통하게 된다는 것이다.

우주법계의 만 가지 덕을 구족한 만다라를 형성하는 것은 태장계 만다라와 금강계 만다라 두 가지가 있다.

태장계 만다라는 중대 8엽원(葉院)을 중심으로 변지(邊知)·관음(觀音)·금강(金剛)·지명(持明)·석가(釋迦)·지장(地藏)·허공(虛空)·제개(除蓋)·문수(文殊)·소실(蘇悉)·외금강원(外金剛院) 12대원을 설립하고, 금강계 만다라에서는 갈마(羯摩)·

삼매(三昧)・미세(微細)・공양(供養)・사인(四印)・일인(一印)・이취(理趣)・항세(降世)・삼매(三昧) 등 9회를 중심으로 5불(동 아축・남 보생・서 미타・북 불공・중 대일)을 구성한다.

그리고 고대인도 바라문교에서 오래 전부터 실천해온 불의 의식 즉, 호마(護摩)를 행한다. 치병・장수・증익・속죄・화합・조복・왕사를 위해 행하는 것이다.

밖에서 할 때는 땅을 파서 더러운 것을 제거하고 5보(寶)・5약(藥)・5곡(穀)・5향(香)을 묻고 수단(水壇)을 형성한 뒤 기둥을 세워 불을 태우며, 기원하는 외호마(外護摩)법이 있고, 마음속으로부터 재앙을 깨닫고 복덕을 불어나게 하고 만물을 경애하고 조복하여 재앙을 소멸하는 내호마(內護摩)가 있다. 누구나 이 법을 실천하는 이는 다섯 가지 삼매 즉,
　① 대일삼매에 들고
　② 아촉삼매에 들고
　③ 보생삼매에 들고
　④ 무량수삼매에 들고
　⑤ 불공성취삼매에 들어

　① 아사리 불경죄를 범하지 않고,
　② 임명에 위배되는 죄를 범하지 않으며,
　③ 금강승 형제 투쟁죄
　④ 사리유정(捨離有情) 자비심죄
　⑤ 사리유정(捨離有情) 보리심죄
　⑥ 비방자타계
　⑦ 대미혹자 밀고죄

⑧ 악역자 자애죄(慈愛罪)
⑨ 대무자성공 의혹죄
⑩ 5온 훼손죄
⑪ 관법가일체죄(觀法假一體罪)
⑫ 바른 믿음을 가진 자를 유혹하여 딴 마음을 갖게 하는 죄
⑬ 삼매야를 의지하지 않는 죄
⑭ 여인 모멸죄를 저지르면 안 된다.

반대로 신·구·의 3업으로 짓는 10선업을 지으면 보리심·대비심·방편심이 나타나 이치적으로나 사실적으로나 이 몸 그대로 성불할 수 있다는 것이다.

그러므로 밀교를 공부하는 사람은 오랜 세월을 두고 선을 두려워하지 말고 몸을 두려워 말아 무아(無我)·법(法)·법무아법(法無我法) 양면에 두려워하지도 말고 평등무외를 실천하여야 한다.

이것이 비밀불교의 실상인데 비록 바라문교의 학설을 가져오기는 하였으나 바라문교인들이 신·물(神·物)에 의존하였던 것을 불교에서는 심무외(心無畏)로써 실천하게 된 것이니 이것이 바라문교와 다른 점이라 하겠다.

계일왕조(戒日王朝)의 불교

굽타왕조는 찬드라굽타 2세(月護 2세)가 왕도를 아유타로 옮긴 후 서역 413년에 그가 죽고 그의 아들인 구마라굽다(童護)가 즉위하였으나 그의 만년, 즉 서력 5세기 중경에 이르러서는 북인도 내에 있어서 흉노의 침략적 세력이 심히 강성하였었다. 이로 말미암아 번영이 극하던 굽타왕조도 점차로 쇠운의 길로 향하게 되었다. 그러다가 제6세기 반경에 이르러서는 중인도의 갈약국사국(羯若鞠闍國; Kayākudja) 세력이 점차 강대하게 되었다. 그래서 그 나라 광증왕(光增王)은 흉노의 강성한 세력을 추대하고 부근에 있는 제국을 전부 병탄하였다.

그런데 그 다음 그의 아들인 왕증왕(王增王)이 7세기 초 즉위하였는 바 그는 동인도의 금이국왕(金耳國王)인 설상가(設賞迦; Saśānka) 때문에 모살되었다. 그러므로 그 다음 그 아우인 희증왕(喜增王)이 즉위하였으니 이 희증왕이 즉 계일왕(戒日王)인데 즉위한 때는 서력 606년이었다.

왕은 북인도 서인도의 양 인도를 차례로 다 정복하고, 또 동인도의 금이국을 정벌하여 형의 원수를 갚고, 다시 남인도를 정벌하려다가 남인도의 패왕(覇王)인 마하자타국왕(摩訶刺陀國王)인 보라계사(補羅稽舍 ; Pulikesin) 때문에 저지되었다. 그러므로 나르마다하(Narmadā) 이남에는 진출하지 못하게 되었다.

그 후로부터 왕은 이 광대한 국내에 교육사업과 자선사업과 불교보호사업 등의 모든 선정을 널리 펴고 그 뿐만 아니라 멀리 외국과도 서로 교통의 길을 열어 국제적인 교제를 잘 취하였으니, 그 예의 하나로서는 당 현장이 인도에 도착한 것을 좋은 기회로 여겨 사신을 당나라 조정에 보냈더니 당 태종도 역시 왕현책(王玄策)을 사신으로 하여 계일왕조에 보내 외교를 맺게 되었다.

계일왕은 또 문학을 좋아하여 문학을 적극적으로 장려하였으니 저 불교희곡인 '용의 환희'라든지, 또 인도교(印度敎)의 희곡인 '보주(寶珠)의 열(列)'이란 창작도 이때의 작품이다.
왕은 또 불교에 대한 신앙심이 철저하여 처음에 믿어오던 소승불교를 버리고 대승교를 독신하였으며, 또 교육사업을 성행시키고 자선사업을 진흥시켜서 아륜가(阿輪迦)의 유적을 계속하려고 노력했다. 혹은 시료원(施療院)을 설치하고, 또 국내에 살생을 금하며, 혹은 조세를 경감하여 백성들의 힘을 휴양시키며, 또 사문 바라문에게 성의를 다하여 보시 공양하며, 다수의 절과 탑을 건립하였다. 일찍이 도성에서 무차대회를 행하고 인도 각 종교의 승려 5000명을 초대하였다. 그 가운데 3000명은 나란타사의 승려였는데, 현장도 역시 이때에 같이 참례했다고 서역기에 기재되어 있다.

그러나 서력 648년에 계일왕이 죽자 그의 권신 아라나순(阿羅那順 ; Alanshun)이 자립하여 왕위를 뺏고 당나라 조정의 사신 왕현책(王玄策)을 거절하므로 현책은 이에 토번(吐蕃)·니바라(尼波羅)의 병력을 인솔하여 공격하고 그를 산채로 잡아서 귀국했다고 한다.

현장의 서역기에 의하여 그 당시 대소 양승 유행의 상태를 보면, 먼저 중인도는 마가다 및 갈약국과의 두 나라에 대승교가 성행 유행하였고, 북인도는 조기나국(烏仗那國 ; Udyana)에 대승교가 가장 융성했고, 서인도는 마랍바(摩臘婆)와 신도(信度 ; Sindhu)의 두 나라를 비롯하여 도처에 소승정량부(小乘正量部)가 유행하고, 남인도는 코살라국(憍薩羅國 ; Kosala)에 대승교가 유행했으며, 달라비다국(達羅毘茶國 ; Dravida)에는 소승 상좌부가 유행하고, 공건나국(恭建那國 ; Konkana)은 대소승이 한 가지 성하고 유행하여 대소승병행지가 되었다. 그리고 동인도는 오다국(烏茶國 ; Odra)에 대승교가 제1위를 점하고 소승의 상좌부와 정량부가 그 아래에 있었다고 한다.

이상에서 말한 여러 나라에만 한해서도 사원수는 수백 내지 수천 이상에 달하고, 승려 수도 1만 내지 2만에 달할 정도였으니 전 인도를 들어 말하면 수십만의 사원과 수백만의 승려가 있었으리라고 추측된다.

이와 같이 극도로 불교가 융성했지만 또 다른 면으로 보면 불교에 대한 다소의 곤란과 핍박 타격도 없지 않았으니, 예를 들면 동인도에서는 일찍이 설상가왕의 폭루(暴淚)한 배불행동이 있어서 당과 탑을 파괴하며, 혹은 중인도의 쿠시나가라(拘尸那揭羅)에 이르러 불교를 방해하고, 또는 마갈타국에 와서 불타의 유적을 파괴하는 등 악행을 행하였기 때문에 비교적 이러한 지방에서는 다른 여러 지방보다 불교의 세력이 멸하고 쇠퇴되고 그 대신에 외도 중에 기나교(耆那敎)의 세력이 융성했다고 한다.

기타 남인도에서는 인도교(印度敎)가 유행하는 마하자타국(摩訶刺佗國)이 있었고, 서북인도에서도 외도가 일부 성행했었다고 한다. 그러나 6세기 반에는 마랍바국(摩臘婆國)에 계일왕이 있어서(이 계일왕은 전에 말한 계일왕과 동명 이인이다) 불교를 적극적으로 보호하며 승려를 존경하고 사원을 건립하며 또 매년 무차대회를 열어서 50여 년간 계속했다고 한다. 그뿐 아니라 기타 당시의 유명한 대승 논사들 거의가 서인도 사람이었던 것도 주의를 끄는 바이다. 그러므로 먼저 말한 바와 같은 불교의 박해는 잠시 동안 부분적 또는 지방적이었던 것을 더 부연하여 과장해서 말한 것 같다.

당시의 불교계에 있어서 특이한 변태는 밀교의 유행이라고 하겠다. 현장 서역기에 의하면 남인도의 태나갈책국(馱那羯磔國)에는 6세기 전반에 집금강신(執金剛神) 등을 숭배하고 금강다라니(金剛陀羅尼)를 계승했다고 한다.

또 7세기경에 용지(龍智)가 석륜(錫崙)에서 출생하였는데, 남인도에 들어 와서 밀교를 흥융시켰고, 8세기 초에는 남인도의 마라야국(摩羅耶國) 사람인 금강지(金剛智)가 용수로부터 밀교를 받아서 중국에 전하고, 또 석륜(錫崙) 사람인 불공금강(不

계일왕조의 불교 175

空金剛)은 남인도에서 용지로부터 밀교를 수학한 다음 중국으로 건너와 110부 143권이라는 다수의 밀교경전을 역출하여 중국밀교를 대성시켰다.

밀교는 남인도에서만 흥융하였을 뿐 아니라 서인도에서도 밀교적 교의가 유행했고, 중인도의 나란타사에서도 유행 되었던 것이다. 그러므로 8세기 초 경에 중국에 밀교를 전한 선무외삼장(善無畏三藏)도 이 나란타사에서 달마국다(達摩掬多)로부터 밀교를 전수하였다고 한다.

굽타왕조(堀多王朝)

종래 인도의 다수 왕자들은 자기가 불교와 바라문교의 어떠한 종교를 신봉하든지 간에 이 양종교를 평등히 보호하는 것이 통례였으므로 굽타왕조의 모든 왕도 또한 바라문교를 신봉함과 동시에 불교도 잘 보호했었다. 그러므로 찬드라굽타(旃陀羅堀多) 2세, 즉 월호(月護) 2세는 카카나다보타(Kakananabota)사에 장원(莊園)을 기부하고 동호왕(童護王)은 그의 각문(刻文)의 위에 불타의 좌상을 刻하였다.

특히 세친전에 의하면 이 두 왕은 세친을 돈독히 존경 공경했고, 동호왕은 모후, 왕비와 같이 열심히 불교를 신봉했다. 또 굽타왕조의 기원 165년(서역 840)에 재위한 한 왕은 그 호를 불타굽타라고 칭했으니 아마 불교 독신자였던 것 같다. 그 밖에 불교의 사탑을 건립하고 승려에게 금품을 보시한 왕도 적지 않았다. 서역기에 의하면 후에 불교교학의 근본도량이 되고 인도불교의 총집중처가 된 나란타사도 실은 굽타왕조의 모든 왕들이 건립한 것이었다.

이와 같이 이 굽타왕조는 바라문교와 같이 불교를 잘 보호했으므로 바라문교가 부흥 왕성 함에도 불구하고 불교도 더욱 융성하였다. 법현전(法顯傳)에 의하여 당시의 불교 상황을 보면 국왕과 부호 등이 사탑을 건립하고 전원과 사택의 기부가 끊이지 않았음을 알 수 있다.

그러므로 승려들은 의식주에 궁핍함이 없이 항상 송경(誦經)과 수선(修禪)을 실행 근수(勤修)하고 상호 왕래하여 송영위문(送迎慰問)하며, 승려의 위의범절은 잘 정돈되어 불교의 세간적 도덕이 민간에 잘 유행되고 있었다.

또한 각국에 대소승의 사원이 있어서 다수의 승려를 거주케 하되 수백인, 내지 수천인이 있게 하였다. 중인도에 있어서는 마갈타국(摩揭陀國)·가시국(迦尸國)·마륜라국(摩倫羅國) 및 승가시(僧伽施; Samkasiya) 등의 지방에는 불교가 더욱 융성하여 대소 양승이 다 같이 행하고, 북인도에 있어서는 오장(烏長; Udyāna)과 라이(羅夷; Rohistān)와 발나(跋那; Vana)와 비다(毘茶; Bhida) 등의 지방에 가장 융성하여 대소승이 한 가지로 행하고, 동인도에 있어서는 다마리제(多摩梨帝) 지방에 가장 융성했다.

또 서인도와 남인도는 법현의 여행 중에 들지 않기 때문에 확실치 못하나 법현의 도인(渡印)으로부터 그 후 2세기에 널리 인도를 여행한 현장 기사를 참조해 보면 서남 인도에서도 대소승이 성행한 것 같다.

또 기타 지역에 대해서는, 법현전에 의하면 선선(鄯善)·조이(鳥夷)·자합(子合)·갈차(竭叉) 등 지방에 융성하여 대소 양승과 대소 겸학이 행하였으며, 특히 우전국 같은 데서는 수만의 승려가 있었는데, 그의 대부분은 대승에 속해 있었으며, 국내의 대승사(大乘寺)인 구마제사(瞿摩帝寺; Gomati)와 같은 절에는 위의 정숙한 3천의 승려가 거주하여 있었다고 전한다.

이와 같이 굽타왕조에 있어서 모든 왕의 원정으로부터 동서의 교통이 열리고, 또 그들의 보호하는 불교는 멀고 가까운 각 지역에 널리 홍포되어 크게 불교의 융성기를 맞이하였다.

특히 불교적인 사회사업의 하나로서는 국내 각처에 시료원(施療院)인 복덕예약사(福德瑿藥舍)를 설치하여 빈궁 고독 등 기타 일체병자를 구제하고, 또는 여러 가지 물품들을 급여했다고 이르며, 국민들은 다 오계를 잘 지켰기 때문에 국내가 평화하여 질서 정연하였다고 하였다.

불교가 이와 같이 융성하는 한편 문화방면에 있어서도 또한 그러하였으니, 예를 들면 월호(月護) 2세의 조정에는 유명한 9사람의 학자가 있어서 9보(寶)라고 칭하였으니 당시 인도 대사전가(大辭典家)인 아마라싱하(Amarasimha)와 대문법가(大文法家)인 바라루치(Vararuci)와 대희곡가(大戱曲家)인 카리다사(Karidāsa)와 대천문가(大天文家)인 바라하미히라(Varahamihila) 등이 그 중에 있었다고 한다. 그래서 이러한 인물들을 중심으로 하여 문화의 색채가 찬연히 빛나서 인도문명의 최고조에 달하였었다.

대승불교에 영향을 준 여러 가지 사상

사실은 대승불교뿐 아니라 근본부파불교에 관계없이 불교에 가장 큰 영향을 준 것은 베다사상을 배경으로 한 인도전통의 바라문교다. 원래 이것은 바라문종족이 다른 찰제리·바이샤·수드라 4성계급을 형성하여 자신들은 사제로 하늘에 제사를 지내고 나머지 종족들은 국가 사회를 다스리는 도구로써 사용하여 왔기 때문이다. 또한 그것을 철학적으로 발달시킨 것이 우파니샤드철학이고, 종교적으로 화합한 것이 범아일여사상(梵我一如思想)이다.

이것이 다시 6파철학으로 전이하여 그 중 베단다 사상의 확립을 위하여 혼신하였고, 미만사는 제사를 지내는데 혼신하였다. 그리고 전통적으로 인도인들의 건강을 유지하기 위하여 실천하고 있던 요가가 불교에 들어와서는 요가학파가 되고, 대승불교에서 온갖 신을 받아들여 제공의식을 발전시키게 된 것은 미망사 철학이다. 이것이 장차 힌두교에 들어와 조직적으로 파고들어 불교를 다시 힌두교로 흡수하게 되며, 석가모니 부처님을 하나님의 여덟 번째 화신으로까지 고정시키고 말았다.

  그러나 불교는 이들 사상을 배경으로 천신중심의 제례의식을 인간중심의 제례의식으로 크게 발전시켰으며, 중국 양무제 때 와서는 수륙재를 건립할 정도로 발전하였다. 그리고 티베트 몽골의 라마교에서는 바라문교의 사제철학(師弟哲學)을 받아들여 일대일로 깊이 있게 교육을 실천하여 전법관정하는 의식까지 행하였다.

  다음으로 대승불교에 영향을 준 것은 헬레니즘 문화다. 헬레니즘문화는 알렉산더 이후에 발아된 것이고, 실제는 고대 그리스문화의 원류를 받아들인 것이다. 그리스는 유럽 동남부 발칸반도에 자리 잡고 있으며, 산간습곡지대가 많은 옛날에는 매우 가난했으나 천연대리석 암면 같은 것이 나와 서양예술을 발달시키는데 큰 역할을 하였다.

  특히 건축은 가구식(架構式) 구조의 기본원리를 응용하여 수평과 수직이 간결하고 안정된 조화를 이루어 왔으므로 북인도(파키스탄·아프가니스탄) 건축에 큰 영향을 끼쳤으며, 불탑과 불상건립에도 많은 영향을 주었다.

  현재에도 그리스 정교회는 유럽뿐 아니라 전 세계 교회건축의 한 축을 담당하고 있으며, 그 의식은 매우 조직적이다. 천문학이 발달하여 태음 태양 양역(兩曆)에 윤달까지 두는 달력이 나왔고, 노예들을 부려 생산력을 확대하는 기술과 서정시·서사시·연극 등이 발달하여 매우 그 정서가 풍족하였고, 신전의 예배상·조각상·봉묘상·환조(丸彫)·묘비부조 등 다양한 조각이 발달하여 일찍부터 금·상아·대리석·청동·석회암·도토(陶土)·나무 등을 사용하는 재주가 능했다.

특히 그리스의 신화 속에는 그들의 윤리 도덕이 들어있고, 학문과 자연·지식 등이 총동원되어 있기 때문에 그 소재가 매우 다양하였다. 특히 오르페우스의 신종기(神終記)에는 전통적인 그리스사상과는 달리 영혼불멸과 윤회전생사상이 들어 있어 인도사상과 접하는데 좋은 소재가 되었다.

다음 세 번째로 대승불교에 영향을 준 사상은 오리엔트문화라 생각된다. 오리엔트문화는 일찍부터 해 뜨는 나라 동방을 그리는 서양인의 사고방식 속에서 만들어진 언어이지만 실제로 사막·초원·산악이 많은 곳에 하천의 풍부한 초생달지대, 비옥한 토지에 농경문화가 발달한 티그리스·유프라테스·메소포타미아 지방과 나일강을 비롯한 이집트 문화는 BC. 6천년전부터 관계수로가 확립되어 이상적인 도시국가가 형성되어 있었다. 최근에 발견된 수메르의 설형문제에 의하면 유럽전체문화의 반수 이상이 이에 영향 받은 바 크고, 특히 구약성서의 원전이 바로 이 오리엔트문화와 그리스·로마신화가 중심이라는 사실이 밝혀졌다.

이들 사상은 애초부터 범신론적 토템사상이 크게 성황하여 태양신을 비롯한 신성사회가 자연신·인간을 한데 묶어 조로아스터교와 같은 특이한 종교를 만들어냈다.

불교의 지혜(반야)는 태양신의 빛과 연관이 있으므로 법신 비로자나(光明邊照)와 보신 노사나(뻗쳐 나가는 빛)가 모두 그 빛과 영향을 받은 바 크다. 특히 7성신앙의 치성광여래나 해와 달 양대보살사상, 지상 19신장과 공중의 8부신장은 농경민족의 서사생활과 밀접한 관계가 있다.

특히 조로아스터교의 선악관념 재생신화는 지장경·약사경

과 연관이 크며, 티베트의 밀교는 한 말로 광명교라 할 수 있으니 이 영향을 받지 않았다 말할 수 없다.

이외에도 중국·티베트를 거치면서 그들의 맹렬히 신앙하는 산악신앙과 목축보호신앙, 몽골인들의 텡그리(무당) 신앙도 대승불교에 영향을 미친바 크다고 생각한다.

바다가 깊고 넓으면 없는 것이 없듯이 불법의 바다 속에는 동서고금의 천지·자연·인간·축생·귀신·물(物) 모든 것의 정신이 다 들어 있다. 그러나 그것은 오직 일심의 표현에 불과하므로 불교는 일체유심조(一切唯心造) 속에서 모든 것이 생성 발전되고 있다는 것을 잊어서는 아니될 것이다.

대승불교가 부파불교의 잘못을 시정하고 근본불교로 나아가기 위해서 시작되었지만, 결국은 마하야나라는 하나의 종파를 하나 더 만들고 말았으니 혹을 떼려다가 혹을 부친 격이다. 그러나 그 속에는 부처님의 자비와 사랑이 꽉 차 있으니 이를 통하여 만인류를 구제하고 선도한다면 대승불교인들 무슨 허물이 있겠는가. 소승 부파불교를 나무라지 말고 대승의 장점만을 잘 키워 부정부패가 없도록 노력하여야 할 것이다.

세계 여러 종교에 영향을 준 조로아스터교

조로아스터(Zoroaster)를 페르시아에서는 짜라투스트라고 부른다. 짜라투스트라는 아프가니스탄과 이란 동부 옥수스강 유역에서 태어났다. 12세에 집을 나가 20세에 구도의 길에 들어섰고, 30세에 광명과 지혜의 신 아후라마즈다 계시를 받고 조로아스터교를 창시하였다.

그 후 아후라마즈다를 버리라는 악령 앙그라마이뉴의 유혹을 받았으나, 그 유혹을 뿌리치고 열성적으로 전도하다가 77세로 유목민의 침입시 신전의 성화 앞에서 순교하였다. 그는 늘 타오르는 불꽃 앞에서 제사를 드리며 하나님께 호소하는 일신교를 믿었다. 당시 BC. 550~330년 아케메네스 왕조시대에는 농목을 배경으로 한 다신교가 크게 성행하였는데, 거기서 일신교를 믿었다는 것은 놀랄만한 혁명이라 볼 수 있다.

그의 성전 아베스타(Aresta)는 창조주 아후라마즈다의 예언으로써 BC. 1800년 전부터 계승되어 오다가 사산왕조 때 최종적으로 집대성 되었는데, 태초에 아후라마즈다에서 선한 영 스펜타 마이뉴천사(성령)와 악한령 앙그라 마이뉴(사탄)가 싸우면서 인간은 타고난 이성과 자유의지로써 선·악 어느 한

쪽을 선택하여 그 결과를 책임져야 한다고 말했다.

  종말은 사람이 죽어 영혼이 4일 후 천국의 입구에 도달하면 천사 미트라가 생전의 행위를 저울에 올려놓고 심판을 하여 선한 일 한 사람은 천국으로 가고, 악한 일 한 사람은 지옥으로 간다.

  이렇게 1단계의 종말론이 끝나면 3천년 후에 천국·지옥에 갔던 영혼들이 다시 살아나 구세주 사오샨트(Saoshyant)의 심판을 받아야 한다. 그 때는 선도 악도 다 소멸되기 때문에 오직 사오샨트의 마음에 달렸다. 이런 심판 기간은 12000년을 기준으로 3천년 마다 한 번씩 심판이 이루어지는데,

  첫째 3천년은 선악 전투가 시작되는 기간이고,

  두 번째 3천년은 선신 아후라마즈다가 천사 하늘·물·땅·인간·동물·식물을 창조하고, 악신 앙그라 마이뉴는 악령을 창조하여 대립한다.

  세 번째 3천년은 선악투쟁을 짜라투스트라가 심판이 다가옴을 예언한다.

  네 번째 3천년은 최후의 심판기로 구세주가 등장하여 선의 궁극적 승리로써 끝난다.

  단테의 신곡(神曲)도 이를 의지하여 썼고, 니체의 짜라투스트라도 이것을 의지하였다. 리하르트 시트라우스의 교양시도 이를 의지하여 써 초인(超人) 권력에의 의지, 영겁회귀(永劫回歸)의 논리로 전개하였다.

  사실 이 글은 간단한 것 같으나 성부(아후라마즈다 : 창조주 하나님), 성자(사오샨트 : 창조주의 아들로 인간을 구원해줄 메

시아), 성령(스벤다마이뉴 : 창조주의 영) 3위일체의 기본이 되고, 천사와 악마의 기초가 되며, 천지창조와 종말의 디딤돌이 되고, 부활·선한목자·구세주의 탄생과 사명이 다 들어 있어 선악을 본위로 한 힌두교·유대교·기독교·이슬람교·불교 내지는 서양철학의 여러 가지 근거를 제공하고 있는 것이다.

사실 이것은 약탈·살인·박해 등으로 고생하고 있는 민중을 광명과 지혜의 신 마즈다가 구원하는 것을 목적으로 하고 있으므로 이종교의 밑바탕에서 정치·권력자를 고발하는 내용이 바탕이 되어 있고, 거기서 해탈코자 하는 농민들의 희망이 들어 있다.

그런데 불교에서는 사바세계의 고통을 극락세계와 대비하여 설하고 선악의 심판을 염라신앙으로 풀었으며, 그에 대한 대변인을 지장보살이 변호사 역할을 하고 있다.

힌두교에서도 창조신 브라흐마, 유지신 비시누, 파괴의 신 시바가 3위일체를 이루는데, 이러한 모든 것들은 신과의 관계 속에서 이루어지지만 불교는 반야 속에서 번뇌 윤회를 깨닫고 본래의 빈 마음으로 돌아가기 때문에 신을 의지하지 아니하여도 해탈의 진미를 맛볼 수 있게 되는 것이다.

미륵부처님의 탄생과 예수의 재림도 모두 이 속에서 읽을 수 있으니 서방의 오리엔탈사상 가운데서는 가장 큰 영향을 준 종교요 사상이라 할 수 있다.

이 외에도 그리스 신화와 철학이 대승불교에 영향을 준 것이 있지만, 다음 기회로 미루고 여기서는 이만 끝을 맺는다.

진위(眞僞)의 논쟁

위와 같이 우후죽순처럼 일어난 불교가 부처님 이후 4아함 밖에 수없는 경전과 논서가 쏟아져 나오다보니 어떤 것이 진짜이고 어떤 것이 가짜인지 구분할 수 없는 경지에까지 이르렀다.

중국의 위경목록에는 ① 삼장기집(三藏記集) 5와 ② 대장내전록(大藏內典錄) 10, ③ 대주간정중경목록(大周刊定衆經目錄) 40, ④ 개원석교록(開元釋敎錄) 18 등에 많은 위경의 목록이 나오고 있다.

특히 대흑천·인왕경·대일경·최승왕경·이취경·공작경 등 수많은 경론들이 위경으로 기록되어 있다. 그러면 이들 모든 경전은 무엇으로 진위를 가릴 수 있는가. 3장 논사들은 12분교에 어긋나면 그것을 정교라 볼 수 없다 하였다. 그러나 대부분의 위경들이 "불설(佛說)"이란 말을 앞에 붙이고 12부경에 버금갈 수 있도록 그 구성 편집을 멋들어지게 해놓은 것이 많다.

그래서 최근 세계학자들이 모여서 의논하기를,

① 제행무상(諸行無常)의 원리와
② 제법무아(諸法無我)의 사상
③ 일체개고(一切皆苦)
④ 그리고 열반적정(涅槃寂靜)의 원리에 위배되지 않는다면 설사 목사·신부가 써도 그것은 불설이 아니라고 말할 수 없다 하였다.

나는 일찍이 천지팔양신주경(天地八陽神呪經)의 주해를 본 적이 있다. 중국·한국·일본 사람들의 법화·열반·금강경보다도 더 많이 읽는 책이 천지팔양신주경이라 하면서 거기에 주석서가 없느냐 하여 조선조 때 경화스님의 주석서를 찾아준 일이 있다. 음양의 논리를 이야기하고 귀신들의 장난을 설한 것으로 보아서는 분명히 위경인데, 부처님의 유심사상(唯心思想)을 들어 "일일시호일(日日是好日) 월일선명월(月日善明月) 연년시호년(年年是好年)"이란 글귀를 읽었을 때는 부처님의 상·락·아·정(常·樂·我·淨)과 같은 느낌을 가지게 되었다.

사람이 정경을 바로 보고 읽고 해석하여 처음부터 바른 인생을 창조해서 산다면 더 말할 것 없지만 어떻게 살다보니 위경으로부터 복을 구하고 장차 정경을 찾아 본전에 들어간다면 위경 또한 정경의 방편이 아닌가 생각된다.

부처님 말씀은 일호(一毫)도 틀린 것이 없지만 4아함만 하더라도 부처님 열반 후 100년이 넘어서 문자화 되었으니 이 또한 정사를 가리기 어렵겠거니와, 그것이 이어서 4·5·6회까지 재구성되고 재해석 된 바가 없지 않으니 그 또한 부처님의 깨달음 정신을 본받아 정사를 가려 보아야 할 것이다. 특히 대승경은 10분의 9가 부처님 말씀 1분으로 포장된 바 있으니 그 정신을 바탕으로 하여 테레바다와 마하야나 바즈라야나까지도 넉넉히 받아들일 수 있는 아량을 갖는다면 부처님도 웃으실 것이다.

작은 강물이나 호수에는 이류(異類)가 섞이는 것을 꺼리지만 바다의 용융한 대해에는 용과 고기가 함께 놀아도 장애되는 바가 없다. 하물며 비유와 인연, 논의 속에 대소승불교가 함장되어 있는 대장경을 가지고 진위를 따질 수 있겠는가.

눈이 뜨인 사람은 곳곳이 빛나고, 눈이 어둔 사람은 가는 곳마다 장애가 된다. 그렇다고 어떤 사람이 석가모니 부처님의 아버지를 여호와라고 한다고 해서 그것을 정경이라 부를 수 있는 것은 아니다. BC. 4004년 전에 수록된 구약성서를 가지고 천년 동안 고쳐가며 비정하였지만 지금에 와서 그 모든 학설이 이집트·로마·그리스의 신화와 전설을 짜깁기 해놓은 고물에 불과하다는 논평을 받고 성경(聖經)이 아니라 성경(性經)으로 어린아이들이 보아서는 안 된다고 낙인을 찍고 있으니 아무리 대승불교에 취미가 있다 하더라도 소승도 못된 사람이 대승만을 주장해서는 안 될 것이다.

불교의 신관(神觀)

그렇기 때문에 39위 신장과 104위 신장을 이야기하고 49재·100일재를 연연히 지내는 제사를 통하여 조상을 모시는 제사와 병고액난을 맞이하여 귀신들을 천도하는 일을 일반 무속신앙과 비슷하게 생각하고, 혹은 그것 자체를 우상 마귀신앙으로 착가하는 사람들이 더러 있다.

그러므로 여기서 그 차이점을 간략히 설명하려 하는데, 잘못 오해하고 있는 이들은 참조하기 바란다.

불교에서는 지상을 담당한 신들을 19신장이라 하고, 공중에서 거주하는 신을 8대신장, 그리고 하늘에서 놀고 있는 신들을 12신장으로 나누고 있다.

첫째 지상 19신장은 ① 집금강신 ② 신중신 ③ 족행신 ④ 도량신 ⑤ 주성신 ⑥ 주지신 ⑦ 주산신 ⑧ 주림신 ⑨ 주약신 ⑩ 주가신 ⑪ 주하신 ⑫ 주해신 ⑬ 주수신 ⑭ 주화신 ⑮ 주풍신 ⑯ 주공신 ⑰ 주방신 ⑱ 주야신 ⑲ 주주신이다.

요즈음 말로 풀어서 말하면,
① 집금강신은 총칼을 가진 군인 경찰들이고,

② 신중신은 파출부 신이며,
③ 족행신은 기사(운전수) 신이고,
④ 도량신은 도량을 지켜주는 사람이며,
⑤ 주성신은 성(城)을 지켜주는 사람이고,
⑥ 주지신은 토지 관리인,
⑦ 주산신은 산감,
⑧ 주림신은 산림청,
⑨ 주약신은 의약청,
⑩ 주가신은 농림청,
⑪ 주화신은 호수를 담당한 사람,
⑫ 주해신은 바다를 담당한 사람,
⑬ 주수신은 물을 담당한 사람,
⑭ 주화신은 연료를 담당한 사람,
⑮ 주풍신은 공기를 담당한 사람,
⑯ 주공신은 공해(空海)를 담당한 사람,
⑰ 주방신은 방향을 담당한 사람,
⑱ 주야신은 밤을 담당한 사람,
⑲ 주주신은 낮을 담당한 사람이다.

각기 그들은 그들 정신과 임무를 가지고 권리행사를 하고 있으며, 인생은 그들의 은혜 속에 생명을 유지하고 있다. 일반사람들은 산속에는 산 할아버지, 물에는 물 할멈이 있어 산과 물을 담당하고 있기 때문에 그들의 비위를 건들이면 맹수나 악귀를 보내 재앙을 초래하고 있다고 본다.

그러나 불교에서는 산에는 산의 정신이 있고, 물에는 물의 정신이 있어 계절 따라 만물이 소생하였다가 번성하고 결실을 맺었다가 다시 겨울을 맞으면 나신(裸身)으로 돌아간다. 그러나 그들은 어떤 물건이 땅에 떨어져도 그 한 가지도 버리지 않고 모두 방생하여 가지와 꽃을 피우고 열매를 맺어 한 가지도 버리지 않고 사람과 짐승 벌레들이 다 먹게 한다. 그러면서도 대가를 바라지 않고 무조건 베풀고 있으니 이것이 "만덕고승성개한적산왕대신(萬德高勝性皆閑寂山王大臣)이 아니겠는가. 그러므로 우리는 그들 정신을 따라 감사하고 우리도 그렇게 되도록 노력하여야겠다고 하여 산을 섬기고 물을 섬기는 것이다. 산에 오르는 사람이 산의 생리를 잘 모르고 산을 타다가는 산에 떨어져서 죽고, 물에 가는 사람이 물의 이치를 잘 모르고 가면 물에 빠져 죽는 것과 마찬가지다.

8부신장 가운데
① 아수라는 육·해·공·해병대와 같고,
② 가루라는 가수,
③ 긴나라는 무용수,
④ 마후라가는 포주,
⑤ 야차왕은 흡혈귀,
⑥ 용왕은 물을 상대로 하는 해상무역인,
⑦ 구반다는 정기를 빨아먹는 옹형귀,
⑧ 건달바는 악기 부대이다.

이들은 일정한 주소가 없이 부르는 곳마다 가서 그 기능을 자랑하여 사람들을 즐겁게 하므로 주소가 허공이 되는 것이다.
그러나 그들이 부르고 추고 베푸는 온갖 기능이 그 속을 보면 진리를 비유하고 인생의 흥망성쇠와 고락지상을 설명하는 것이므로 문화적 법문을 하고 있다.

천당에 사는
① 월천자는 달이고,
② 일천자는 해이며,
③ 도리천은 33천, 즉 지상의 대통령과 같고,
④ 야마천은 염라대왕, 즉 대법원장이며,
⑤ 도솔천은 수행자들이 모여 있는 수도처,
⑥ 화락천은 스스로 즐거움을 만들어 사는 예술인,
⑦ 타화자재천은 남의 즐거움까지 자기화하여 만들어 사는 도박꾼,
⑧ 대범천은 청정한 윤리도덕자들,
⑨ 광음천은 라디오방송국,
⑩ 변정천은 무욕의 성자들,
⑪ 광과천은 복덕이 구족한 장자 거사들,
⑫ 대자재왕은 복과 지혜를 겸전하여 삶에 구애를 느끼지 않는 경제인,

이들 역시 이 세상에서 살면서 보다 많은 공덕을 지어 좋은 위치에 태어나 사는 중생들로 보기 때문에 공경하며 사랑하고 존중하는 것이다.

104위 신장 가운데서는 여래가 화현으로 나타난 8금강 4보살 10대명왕이 있으며, 그 외 인도나 중국·티베트·몽골 등에서 숭상하는 신들을 불교에 포섭하여 깨달음을 주는 것이기 때문에 그들이 본래 신앙하던 신이나 귀신과는 아무런 관계가 없는 것이다.

더군다나 지금부터 1만2천년전 수미산 근처에 살다가 세계 각국으로 흩어진 동이민족(東夷民族)의 역사와 철학을 보면 천지 음양 5행 철학이 어떻게 하여 생겼다는 것을 새삼스럽게 이해할 수 있을 것이다. (동이문자와 중앙아시아불교 참고)

　유교에서는 제사를 지낼 때 3색과실과 주·혜·포를 놓고 귀신이 와서 운감하기를 기다리고 있지만 불교에서는 제사를 지내는 것이 망자의 정신을 뵙고 깨우치게 하기 위한 수단이고 방편으로 생각한다. 전래로 그러한 제사를 지낼 때는 그러한 음식과 그러한 형식을 죽은 사람 자체가 좋아하여 실천해 왔기 때문에 자손의 교육을 위해서 실천하되 음식의 많고 작음에 관계없이 정성을 보이는 것이다.

　그리고 죽은 사람은 업을 따라 6도 세계에 가 나 있으므로 정성을 드리면 감응하여 오기는 하지만 지역의 감성에 따라 음식을 맛보고 흠향하는 것이 다르므로 그들 입맛에 꼭 맞도록 하는 "변식진언(變食眞言)"과 "감로수진언(甘露水眞言)"을 외워주고 또 부족한 것이 없이 질서 있게 잘 먹게 하기 위하여 "일자수륜관진언(一字水輪觀眞言)과 유해진언(乳海眞言) 보궐진언(補闕眞言)"을 외워 주는 것이다.

　그러므로 제삿날에는 반드시 축문을 읽고 독경을 하게 되어 있으니 음식만 먹고 떠나는 것이 아니라 자손들이 원하는 것이 무엇이며, 음식 밖에 또 법식(法食)이 있다는 것도 깨우쳐 주기 위한 방편이다.

　특히 옛날에 바라문교나 유대교에서는 산 생명을 죽여 하늘신들에게 바치는 희생제를 지내왔는데 부처님께서는 하늘 사람들은 감로(甘露)를 마시고 살지 세상 사람들이 즐기는 술이나 고기를 좋아하지 아니하므로 향기로운 차(茶)나 꽃·향을 올려주라 하였다. 그리고 조상들이 보는 앞에서 남의 흉을 본다든지 형제간들이 싸움을 한다든지, 집안의 어려운 문제를 가지고 다투는 것은 진실로 무례한 일이므로 신·구·의 3업을 깨끗하게 하여 음식을 장만하여 올리기 때문에 음식 만드는 곳을 정재소(淨齋所)라 부르기도 하는 것이다.

그러므로 민속신앙에서 모시던 신이나 그림, 또는 갖가지 물건을 갖다 놓고 제사를 지낸다 할지라도 그곳에 무엇이 들어있다는 생각보다는 그 분이 그것을 가지고 쓰던 정신을 고이 간직하여 보호하고 전해갈 것을 생각하여야 할 것이다.

49재 100일재는 이 세상에서 정신적으로 몸과 마음을 달리하여 헤어지는 순간이므로 그 동안의 정의를 깊은 마음으로 감사하고 전송하는 것이 옳은 일이다. 이 세상 모든 존재는 만남과 헤어짐 속에서 살아가고 있다. 잘 만나 잘 살던 사람이 죽어서도 잘 헤어질 때 복을 받고, 사랑을 받을 수 있는 것이다. 그러니 제사를 지내는 사람은 그 보답을 바라기 보다는 감사하고 고마운 마음으로 지내야 할 것이다.

그런데 이런 도리를 잘 모르고 절을 귀신의 종합청사라 부르며 핍박하는 사람들이 있으니 얼마나 무식하고 무지한 사람인가.

혹 망자가 이 세상에서 꼭 하고 싶어 하던 일이 있었다면 지인이나 자손들이 제사 때 모여 그의 소원을 풀어주는 것도 좋은 제사가 될 것이다.

대승불교의 자존심

 사실 처음 대승불교를 일으켰던 사람들은 대승불교를 따라 주장한 것이 아니라 부파불교의 잘못된 사상을 바로 잡아 근본불교로 돌아가기를 바랐다.
 그러나 세상이 그들의 사랑을 긍정적으로 받아들이고 호응하는 사람이 너무도 많다 보니 자신들도 모르는 사이에 부파불교를 소승불교라 폄칭(貶稱)하고 자신들의 불교를 대승불교라 호칭하게 되었다.
 대소승불교의 차이점은 교리적인 면에서 뿐 아니라 교단사적인 면에서도 큰 차이를 보였다.
 처음 부파불교가 교리와 계율 양면에서 투쟁을 벌였을 때 대승의 신도들은 "이제 우리는 출가 비구불교를 믿을 수 없으니 부처님께 직접 가서 하소연 하자" 하고 부처님 탑이 있는 곳에 가서 예배도 드리고 경전도 읽고 눈물을 흘렸다. 그런데 이를 진실하게 생각한 부파불교 스님들까지 와서 자신들의 행이 소승적이고 편협적인 것이라는 것을 인정하고 참회한 뒤 점점 숫자가 불어나자 대승적 사상이 그들의 머리로부터 살아났다.

부처님께서 종종 말씀하셨던 공사상·지혜설·유심설·불신상주사상·불성론·연기설·중도사상·보살사상·열반설·화합정신이 모두 자기들 사상과 합치 되는 점을 느꼈고, 부파불교의 스님들도 그것을 긍정적으로 받아들여 초기대승경전이 보살의 6바라밀 정신으로 부각되었다.

　그래서 대승을 논하던 사람들이 소승을 파(破)하고 108삼매설·십지회향설(十地廻向說)·정토불국설(淨土佛國說)을 논하게 되었고, 마침내는 타방정토설·처자보살설·반야공덕설이 나오게까지 되었으며, 화엄의 무진법문을 통하여 미륵·묘희·미타·정토사상이 나오고, 재가보살 위주의 유마경과 승만경이 나오니 용수보살이 8불중도사상과 3제 원융사상을 바탕으로 대승논부를 지었다. 아울러 제바계통에서는 유식사상을 바탕으로 연기제법의 대승불교사상을 들고 일어났고, 중기에 이르러서는 열반경·여래장경·해심밀경 등이 나와 불신상주의 불성설을 주장하면서 일천제(불신인과자)도 성불할 수 있다는 학설을 주장하였다. 왜냐하면 모든 중생들 속에는 여래가 들어있기 때문에 발심만 한다면 누구나 성불할 수 있다고 주장하였다.
　따라서 대승불교는 논리적으로 증명하는 미륵보살의 저서와, 무착 세친의 학설이 풍미하자 대승 말기에는 중관·유가 양파가 대립하게 되었다.

　사실 불교는 논리가 아니고 행인데 부파불교 이후에 지나친 논리가 번성하다 보니 간단한 것을 즐기는 신도들은 염증을 느껴 떠나고 도리어 학문을 좋아하는 학자들이 어울려 소승불교를 배척하고 대승불교를 숭상하다보니 그 대승불교 속에서는 전통적으로 내려오던 베다의 제례의식과 밀교사상이 담뿍 담기게 되어 결국 인도불교는 쇠퇴일로를 걷게 된다.

이때 대부분의 대승경전이 바라문교에서 사용하던 산스크리트 범어(梵語)를 중심으로 조직하다보니 문자상으로 볼 때는 대승불교가 도리어 베다사상에 흡수되어 새로운 바라문 힌두교로 탈바꿈하고 불교는 도리어 바라문교의 밀교로 바뀌어 티베트 몽골로 수출하게 되었다. 때마침 중동지방에서 일어났던 이슬람교가 칭기즈칸의 유목민족을 몰아내고 인도까지 쳐들어오니 불교는 숨 한번 제대로 쉬지 못하고 그대로 죽고 말았다.

다행히 인도의 근본불교가 스리랑카에 가서 팔리어를 중심으로 재구성되고 카니슈카왕 당시에 극성했던 대승불교가 중국·한국·일본 등에 유입되었기 때문에 그 족적을 찾게 되었지 인도에 그대로 남아 있었더라면 지금 와서는 거의 종적도 찾아볼 수 없게 되었을 것이다.
아울러 스리랑카 불교는 미얀마·태국·라오스·캄보디아로 재수출되고, 히말라야의 밀교는 부탄·네팔·몽골 등지로 유출되어 테레바다 불교와 마하야나 불교 및 바즈라야나 밀교가 세상에 남아 오늘의 세계불교를 형성하게 된 것이다. 그 공적을 논한다면 득도 있고 실도 있으나 오랜 세월 유랑생활을 하다 보니 거의 고향소식을 상실한 상태다.

그러나 1950년대부터 W.F.B. 세계불교도우의회가 조직되고 스리랑카 등지에서는 대각회가 발생되어 잃어버렸던 불교성지를 다시 찾게 되고, 그 유적이 유네스코에까지 등록되어 세계불교로 부흥하게 되었으니 이로써 보면 세계불교는 만시지탄이 있지만 천만다행이라 생각된다. 장차 세계는 부처님의 자리이타 정신으로 자유복지화 될 것이고, 비폭력·무저항주의의 승리로 세계평화를 쟁취하고 말 것이다.

단지 문제는 대승불교를 자처하는 보살들이 보살상을 버리고 중생과 세계를 위해 어떤 일을 할 것인가가 중요하고, 둘째 번으로 테레바다 불교는 부처님의 청정한 행을 어떻게 거만심이 없이 하심한 마음으로 전할 것인가 하는 것이 문제다. 중은 화합이다. 불과 법을 배경으로 하여 육화경행(六和敬行)을 실천한다면 자비희사(慈悲喜捨) 사섭법 속에서 전 세계를 불국토화하고 말 것이다.

동북아시아 불교에 끼친 영향

　이와 같이 중앙아시아에서 일어난 대승불교가 실크로드의 바람을 타고 동북아시아로 점점 번져나갔다. 서기 67년 후한 명제 영평 10년에는 중인도 스님 가섭마등과 축법란이 불상과 사리 42장경을 가지고 낙양에 들어가 백마사(白馬寺)를 건립하고 불법을 폈으며, 이어서 불본행경(佛本行經)과 10주단결경·법해장경 등 5부 16권을 번역하여 생생히 살아있는 부처님의 역사를 전했다.

　그 뒤 안세고(安世高)가 구마라집(鳩摩羅什) 스님과 함께 들어와 계빈·월씨·강거 사람들과 함께 210년간 대소승의 모든 경전을 한꺼번에 번역하니 부파불교의 선관수행(禪觀修行)과 4분율·대반열반경이 번역 되었으며, 아육왕전이 번역되어 위·오·촉(魏·吳·蜀)의 불교가 더욱 흥성하게 되었다.

　월씨국(月氏國)은 한나라 때 장건이 파견되어 실크로드가 개통되자 지루가참·축불삭·지겸 등이 건너와서 도행반야경과 반주삼매경·아미타경·아촉불경 등을 번역하여 정토불교의 씨를 심고 유마경·서응경·범패경까지 번역하여 의식불교가 크게 성하게 되었다.

이에 자극을 받은 인도불교가 근본불교를 배경으로 아함·방등경을 번역하니 현재 기리기스탄 부근에 살고 있던 강거(康居)인들이 대거 출입하며 안반수의경·수행본기경 같은 대승불교 수행경을 번역하였다.

또 우전국 사람들은 주사행·엄불조 등 대승에 능한 자들을 보내니 백씨(帛氏) 성을 가진 구자불교가 들어와서 화엄·법화·평등각경 등 대승불교를 전번하였다.

이렇게 하여 중국은 남북불교가 크게 성하니 자신의 불교를 해외에 전하는 것을 가장 빛나는 것으로 생각하여 서기 372년에는 고구려에 순도를 보내 불교를 전하게 하고, 백제에서는 현 파키스탄 스님 마라난다가 와서 불법을 전했을 뿐 아니라 일본에까지 영향을 주어 일본불교의 시조가 되기도 하였다. 신라는 조금 늦게 받아들이기는 하였지만, 이차돈의 순교와 함께 법흥왕의 헌신적 불교운동으로 3국 가운데서 가장 실천적인 화랑운동을 하여 삼국통일의 기초를 다졌다.

중국 남부지방에서 성행한 혜원불교는 염불결사를 중심으로 크게 성행하였고, 그동안 전란 때문에 번역하지 못했던 대승불교를 무더기로 번역하여 수·당불교에 꽃을 피우게 하였다.

그런데 여기서 한 가지 문제가 된 것은 갖가지 위대한 경론을 번역할 때마다 국가적 차원에서 대대적인 경찬법회를 가지다보니 그 경을 중심으로 한 여러 가지 종파불교가 성행하여 계율종·법상종·법성종·화엄종·법화종·3론종이 크게 성행하자 뒤에 들어온 달마불교가 사교입선(捨敎入禪)으로 대성공을 거두게 되었다.

한국불교와 일본불교가 지금까지도 종파불교 테두리를 벗어나지 못하고 있는 것은 중국불교의 영향이다, 교가 제일이다, 염불을 하여야 극락간다, 진언을 외워야 성불한다 하고, 아시타비(我是他非)를 논하는 것은 당시의 풍습이 그대로 전해진 것이다.

그러나 실제 몽골불교와 티베트불교가 들어오면서 한국불교는 선·밀고·정토사상이 혼합되어 선후의 의식을 가리기 어렵게 되었으니 염불을 하면서도 선을 하고, 선을 하면서도 입으로는 밀교(다라니)를 외우기 때문이다.

일본은 아직도 이것이 뚜렷하여 감히 통일불교를 하지 못하고 있으나, 한국불교는 그동안 유교와 서양 기독교에 자극을 받아 통불교로서의 한국불교를 실천코자 노력하고 있다.

그러나 아직도 복장만 달라도 앉는 자리를 가리고, 교리연구(학교교육)은 물론 공부하는 선방에서까지도 일반불자들까지도 수용하면서 스님들끼리는 화합을 하지 못하고 있으니 이래가지고서야 어떻게 대승불교·통불교의 본산임을 자랑할 수 있겠는가.

동이(東夷)문자와 중앙아시아 불교

편자가 이 글을 쓰고 있는 사이에 조선세종대학원 림희경 교수로부터 "우리는 누구인가?" "천축은 인도가 아니다" 하는 책 두 권을 받아 읽게 되었다.

그런데 그 책 내용을 보면, 우리는 지금으로부터 7·8천년 전 서역, 지금의 파밀고원·신강성·감숙성 지방에 살아오던 은(殷)나라의 자손들이었다. 할아버지는 염제 신농씨·황제 헌원씨·태호 복희씨·소호 금천씨였는데, 태호·여화씨의 할머니 화서씨(華胥氏)가 강청고원(감숙성과 청해성)에서 연산(화남성)과 태산 일대로 천도하면서 이본일자(夷本一字)를 가진 종족들이 동(강절지구)·서(황해 발해)·남(산동반도)·북(조선, 일본)으로 흩어지면서 멀리는 미주·몽골·시베리아·중앙아시아·아라비아·페르시아·바빌로니아·대하·월지·대진(희랍)·흑해·홍해·아모르강·나일강·양자강·인도·태평양 군도까지 퍼져 살게 되었다는 것이다.

〈中國 何光岳 東夷原流史〉

이 나라는 BC. 8937년 제석환인(宰釋桓仁)이 돈황(감숙성)에

천재울국을 세우면서부터 삼왕오제(복희·여와·신농·황제·소호금천·고양·제곡) 요·순·하·은·주로 내려 왔는데, 현재 우리가 쓰고 있는 단기(壇紀)는 요임금으로부터 시작된 것이다 하였다.

〈歷代神仙道鑑, 李重宰 상고사 제발견〉

곰과 호랑이 이야기는 곰은 황제계 여자를 말하고, 호랑이는 신농씨 계통의 남자를 말한다 하였다.

그러나 서족출신 강태공이 주나라 문왕(은나라 林氏國 제후)을 도와 은나라를 망하게 하고, 려씨춘추(刑法)를 써서 큰 나라 현사들을 모두 죽이니 동이족은 이로부터 떠돌이신세가 되었다는 것이다. 이보다 훨씬 전 황제씨도 BC. 2679년 서자 치우 때문에 10년 전쟁을 하여 유민들이 사방으로 흩어졌다고 하였다.

복희씨 때 면(綿)을 심어 베를 짜 옷을 만들어 입고, 끈을 역어 글씨를 만들어 기록하고, 혼인제도로 부부의 도와 노소의 질서를 지켜 3강5륜으로써 인류문명사 가운데서 가장 정의로운 생활을 하였다고 하였다.

신농씨(BC. 3071)는 쟁기로 농사를 짓고, 약초를 캐서 의약을 개발하였으며, 황제씨(BC. 2679)는 수레를 만들어 탔다. 그리고 지금 인도나 서구에서 쓰는 라틴어는 거개가 우리 조상들이 쓰던 사투리가 굳어진 것이라 하였다.

예를 들면 실크(silk)는 우리말(실담어) '실(sil)'에 끌다고 하는 동사 '크(khi)'가 보태져 만들어진 것이고,

돈(Money)은 우리말 '돈잇서(donis)'가 라틴어로 굳어져 도네

이션이란 말이 나오게 되었다 하였다.

그러니까 인도말 산스크리트(梵語)가 우리말 사투리에서 나왔다는 것을 알 수 있다. '사투리'란 왕족말 귀족말이라는 뜻이다.

범어 'valsa'는 우리말 '벌써' '발써'의 음사로써 싹이 나오는 것을 상징하고, 'murva'는 '물어봐라(이빨로 물다)'는 말이 그 음대로 써진 것이다.

그러므로 중앙아시아의 대승불교가 산스크리트어로 편집되었기 때문에 우리는 다시 우리 고어를 찾아 바르게 공부할 수 있는 기회를 얻게 되었다고 볼 수 있다.

은나라가 주나라에 의해 망한 뒤에는 태양의 아들 기자(신농계 상나라 주왕의 친형)가 기자조선을 황하북쪽에 건립하여 주나라를 만들어 2천여 개의 군소국가를 거느리고 있다가 춘추전국시대 7웅(진·한·위·조·초·제·연)의 하나인 진나라에 의해 통일되고, 마한이 한(漢)나라를 건설하자 3한(진·변·임둔) 신(新 ; 고구려 전신) 부여(고리국) 고구려·백제·위·촉·오·신라·가야·남북조·수당·5대·송·발해·고려·금·원·명·청·조선으로 이어지다가 19세기 일본에 먹혀 35년간 식민지생활을 하는 바람에 역사까지 신화로 둔갑되고 말았다는 것이다.

적벽 땅을 사이에 두고 있던 위·촉·오는 백제의 제후국들이 그 강변에서 싸움을 벌였기 때문에 '적벽가'가 생긴 것이라 한다.

그런데 한 가지 놀라운 것은 그 동위족의 자손 세종대왕께서 훈민정음을 창제하셨다는 사실이다. 천·지·인 3재와 음양 5행 7음의 음운원리·평(봄)·상(여름)·거(가을)·입(겨울) 4성을 계절의 원리에 맞추어 만드셨다는 것이다.

훈민정음의 천(·)·인(ㅣ)·지(ㅡ) 3재는 하늘에서 해가 비쳐 땅에서 풀이 나오는 것같이 모음(양)과 자음(음)의 결합에 의해 무한한 소리를 낼 수 있는 소리글인 것이다. 그런데 요즈음은 28자 가운데 하늘을 뜻하는 ··ㆆ·ㅿ·ㆅ 4성을 없애버리고 나니 청·탁음이 없어져버렸다.

그러니 공부하는 사람은 소리를 살펴서 음율(音律)을 알아야하고, 다음에 가락(雅樂)을 알면 저절로 나라 다스리는 법을 안다 하였는데 4성 청탁을 없애버려서 나라가 이렇게 소란한지 모르겠다.

산스크리트어는 지금 세계 공학도들이 학술 언어로 쓰고 있으며, 동서언어의 뿌리로써 우리나라에서는 12000자 동국정운에 그 역사가 밝혀져 있으니 이 얼마나 다행한 일인가.

그러니까 우리민족의 철학사상은 천·지·인 3재와 음양·5행이 기초가 되어 나무·불·흙·쇠(금)·물소리를 따라 음양으로 소리를 내는 것이며, 1주일을 7일로 잡은 것은 5행에 견우성과 북두 7성을 합한 것이라는 것이다. 음양 5행은 지황(지갱)씨가 BC. 8364년경 10간(干)에 12지(支)를 발명하여 순임금때 신체기관을 따라 아·설·순·치·후를 만들고, 가락으로 궁·상·각·치·우를 써 조화시켰다는 것이다. 여기에 천·지·인 3재와 춘·하·추·동 4계절을 넣으면 천지의 순환원리가 똑떨어지게 되므로 해를 따라 일력, 달을 따라 월력을 만들어 썼다는 것이다.

그래서 Freud의 심리학은 불교심리학이고, 칸트의 인식론이

나 헤겔의 현상학은 불교인식논리학이며, 아인슈타인의 상대성원리는 아함경의 인과인연법이고, 주역사상이며, 북두칠성은 천문사상이다.

불교에서 이 우주는 무수한 생명체로 꽉 차 있는데 이것을 공석하 박사는 게이지 이론을 통해 원자시대를 이은 소립자시대라 부르고 있다. 계산기·세탁기·VTR·DVD·핸드폰·컴퓨터 등 불교 물리학의 소립자 이론이 이제 와서 증명된 것이다. 벌써 1500년전 천축의 천친보살이 구사론을 써 이를 증명하고 있는데…, 하고 그의 손자 승주와 진환이를 위해 이와 같은 글을 썼다는 것이다.

그러므로 불교는 우리 동이족들의 우주철학과 인생 윤리도덕이 바탕이 된 가운데 철저한 깨달음을 촉구하여 이 세상 끝까지 무궁하게 널리 세상을 이롭게 하는 일을 해야 한다고 강조여 나라의 꽃이 '무궁화(無窮花)'가 되고 단군정신이 '홍익인간(弘益人間)'이 되었음을 강조하고 있다.

지금 림희경 교수의 스승 강상원 박사는 훈민정음의 이 같은 논리를 통해 우리민족의 부흥운동과 불교철학의 세계화운동을 펴고 있으니 다 같이 관심을 가지고 우주의 소리에 귀를 기울어야 할 것이다.

중앙아시아불교

印刷日 | 2012년 8월 5일
發行日 | 2012년 8월 10일

발행인 | 한 동 국
발행처 | 불교통신교육원
편 저 | 이치란, 한정섭

인 쇄 | 이 화 문 화 사
02-732-7096~7

발행처 | 477-810 경기도 가평군 외서면 대성리 산 185번지
전 화 | (02) 969-2410(금강선원)
등록번호. 76. 10. 20. 경기 제 6 호

값 10,000원